cLv

William MacDonald

Ein Gott der Wunder tut

CLV

Christliche
Literatur-Verbreitung e.V.
Postfach 11 01 35 · 33661 Bielefeld

1. Auflage 1997

Originaltitel: The Wonders of God

Postfach 11 01 35 · 33661 Bielefeld

Übersetzung: Hermann Grabe
Gestaltung und Umschlag: CLV
Druck und Bindung: Graphischer Großbetrieb Pössneck

ISBN 3-89397-376-1

Inhalt

Wie viele sind deiner Werke, HERR!
Du hast sie alle mit Weisheit gemacht.
Psalm 104,24

Die Wunder Gottes in der Schöpfung

Ich will den HERRN preisen mit meinem ganzen Herzen,
will erzählen alle seine Wundertaten.

Psalm 9,1

Groß sind die Taten des HERRN,
sie werden erforscht, von allen, die Lust an ihnen haben.

Psalm 111,2

Es werden dich loben, HERR, alle deine Werke,
und deine Frommen dich preisen.

Psalm 145,10

Die ganze Erde ist voll seiner Herrlichkeit.

Jesaja 6,3

Die Werke des Herrn sind unbeschreiblich schön. Jedes einzelne Seiner Geschöpfe ist ein Wunder. Eine winzige Zelle erregt mit ihrem sinnvollen Aufbau und ihrer Komplexität genauso unser Staunen wie der gestirnte Himmel über uns. Der große englische Prediger Charles Haddon Spurgeon hat das so gesagt:

»Gottes Werke sind allesamt großartig, betrachtet man ihre Planung, ihre Ausdehnung, ihre Anzahl oder die Vortrefflichkeit ihres Baus. Auf irgendeine Weise wird sich jedes Werk Seiner Macht, Seiner Schöpfung oder Seiner Weisheit dem weisen Herzen als großartig erweisen. Alle, die den Schöpfer lieben, freuen sich über Seiner Hände Werk; sie verstehen, daß sie mehr beinhalten, als was man oberflächlich erkennt, und darum wenden sie alle Kraft daran, sie zu studieren und verstehen zu lernen. Der ehrfürchtige Naturwissenschaftler durchforscht die Natur … und bewahrt jedes Körnchen ihrer goldenen Wahrheiten.«[1]

Das Wunder des menschlichen Körpers

Wer hat dem Menschen den Mund gemacht?
Oder wer macht stumm oder taub, oder sehend oder blind?
Nicht ich, der HERR?

2. Mose 4,11

Ich preise dich darüber, daß ich auf erstaunliche,
ausgezeichnete Weise gemacht bin.
Wunderbar sind deine Werke,
und meine Seele weiß es sehr wohl.

Psalm 139,14

Der Bauplan für den menschlichen Körper – zusammen mit seiner seelischen Ausstattung – ist in der DNS (Desoxyribonucleinsäure, chemische Trägersubstanz der Erbinformation) enthalten. Man findet sie immer wieder kopiert in den Kernen aller Körperzellen. Es ist unglaublich, daß etwas so Winziges so viel enthalten kann! In einem Kügelchen von drei Milliardstel Kubikmillimeter (3×10^{-9} mm^3) ist die ganze Erbinformation des Menschen aufgeschrieben. Würde man die dort gespeicherte Information in Taschenbüchern drucken lassen, benötigte man 12 000 Exemplare.[2]

Der Körper ist ein Wunder an Verschiedenheit und Einheitlichkeit. Obwohl er aus Billionen von Zellen besteht, arbeiten alle zusammen, damit der Mensch essen, trinken, gehen, springen, hören, fühlen, schmecken, riechen, lernen, denken und sich erinnern kann.

Das Gehirn ist die Hauptzentrale dieses komplexen Meisterstücks. Von ihm gehen die Befehle aus. Wird ihnen gehorcht, so behalten wir gewöhnlich einen gesunden, funktionstüchtigen Körper.

Auf der Welt leben und lebten Milliarden von Menschen, und nicht einer entspricht exakt einem anderen. Zum Glück für die Ehrlichen haben die Verbrecher mit der Tatsache ihren Ärger, daß man sie an ihren Fingerabdrücken erkennen kann. Heute kennen wir bereits den sogenannten »genetischen Fingerabdruck«, der durch eine chemische Analyse der Aufeinderfolge einzelner DNS-Bausteine in Blut, Schweiß oder Speichel ermittelt wird. Wie hoch ist die Wahrscheinlichkeit, daß zwei Elternpaare identische Kinder zeugen? Die schier unendlichen Kombinationsmöglichkeiten der DNS lassen eine völlige Übereinstimmung so unwahrscheinlich werden, daß man diese Vorstellung gar nicht in Erwägung zu ziehen braucht. Geschätzt wurde für die Wahrscheinlichkeit die astronomische Zahl von 1:70 Billionen – wofür wir auch sagen könnten: unendlich gering.

Denken wir nur an das außerordentliche Zusammenspiel von Verstand, Knochengerüst und Muskeln, das uns alle möglichen Leistungen ermöglicht und manche Menschen zu Höchstleistungen befähigt. Gewichtheber stemmen bis zu 2733 Kilogramm, andere laufen die Marathonstrecke von 42,2 Kilometern, wieder andere springen 2,50 Meter hoch, und so mancher ist schon auf den Mount Everest mit seinen fast 9 000 Metern Höhe geklettert.

Natürlich braucht der Körper Nahrung, um Energie für derartige Leistungen zu gewinnen. Schon während des Kauens vermischt sich die Nahrung mit Speichel, der ihr Geschmeidigkeit verleiht und bereits mit dem Stärkeabbau beginnt. Durch die

Speiseröhre wird das Essen dann in den Magen gedrückt, der dazu dient, es weiter abzubauen. Dazu weist er eine exakt dosierte Säurekonzentration auf. Wäre die Säure zu stark, müßte der Esser bald wegen Magenschleimhautentzündung ins Krankenhaus gebracht werden. Dann geht es in den Dünndarm, wo der Nahrung auf raffinierte Weise Vitamine, Salze und Nährstoffe entzogen und dem Blutkreislauf zugeführt werden. Der Dickdarm nimmt zu guter Letzt die überschüssige Flüssigkeit auf. All das findet statt, ohne daß es dem Esser bewußt wird und ohne daß er irgendeinen eigenen Beitrag dazu leistet.

Wenn wir uns zum Beispiel an einem Menü aus einem zarten Filetstück, in Butter und Schinken gebratenen Kartoffeln, verschiedenem Gemüse und Salate erfreuen, kümmern wir uns nicht im Geringsten um die wunderbaren Prozesse, die sich in unserem Körper abspielen. Die Nahrung wird so verarbeitet, daß einiges zu Knochen, anderes zu Muskeln und ein anderer Teil zu Blut oder Nerven wird. Wieder anderes wird zu Bausteinen von Haaren, Zähnen und Augen. Und es geschieht noch viel mehr, als daß nur jedes Körperteil ernährt und erneuert wird. Ein großer Teil der Nahrung wird in Energie umgesetzt, die uns überhaupt erst in die Lage versetzt, nach dem letzten guten Happen vom Mittagstisch aufzustehen. Woher aber weiß das Essen, welchen Part es jeweils zu spielen hat?

Das Sehen

Der Sehsinn ist die staunenerregende Fähigkeit, von Gegenständen ausgehende elektromagnetische Wellen so umzuformen, daß wir in unserer Umwelt Farben und Formen wahrnehmen. Beim einfachen Hinschauen sind wir uns nicht der Milliarden Schaltungen bewußt, die unser Gehirn in Zusammenarbeit mit den Augen leisten muß, damit wir die Buchstaben auf diesem Papier wahrnehmen können.

Das menschliche Auge ist eine kombinierte Maschine aus Fotoapparat, Filmkamera und Belichtungsmesser. Es hat eine Autofokus-Einrichtung, eine Weitwinkel- sowie eine Zoomlinse und liefert vollfarbige Sofortbilder.

Man hat das Gehirn einen Zauberwebstuhl genannt, der die von den Stäbchen und Zapfen (die lichtempfindlichen Rezeptoren im Auge) kommenden Signale zu einem Gobelin verwebt, der genau das abbildet, was draußen vor dem Auge steht.[3]

Unser Auge kann Entfernungen berechnen – das ist äußerst notwendig für alle, die Auto fahren, besonders aber für Piloten, damit sie das Flugzeug sicher wieder auf den Boden bringen. Auf den ersten Blick scheinen diese Sinnesorgane recht einfache Bestandteile unseres Körpers zu sein, doch gibt es da eine schier unzählbare Menge von Sinneszellen: sechs Millionen Zapfen zum Farbensehen und etwa 110 Millionen Stäbchen. Diese Stäbchen wiederum enthalten jeweils Millionen von Molekülen des lichtempfindlichen Stoffes Rhodopsin, dessen chemische Umwandlung selbst bei schwächster Beleuchtung noch etwas erkennen läßt.

Dem Gehirn liefert das menschliche Auge auf dem Kopf stehende Bilder; aber unser Verstand kommt uns zur Hilfe und dreht sie uns richtig herum.

Hat man einen Gegenstand betrachtet und schaut dann weg, so daß man ihn nicht mehr sieht, so ist die Hand doch in der Lage, diesen zu berühren. Um das zu ermöglichen, arbeitet das Sehen mit dem Gedächtnis zusammen. Doch die Wissenschaft kann nicht einmal diese einfache Fähigkeit restlos verstehen.

Eine vollständige Erklärung des Wunders des menschlichen Augenlichts entzieht sich der Wissenschaft. Man nennt es zu Recht den »heiligen Gral der Sehforschung«.

Das Hören

Uns bleibt nur das Staunen, wenn wir bedenken, wie das Innenohr Worte in Form von Schallwellen empfängt, diese dann in Nervenimpulse umwandelt und diese wiederum zum Gehirn transportiert. Dort, in der linken Hirnhälfte, befindet sich das Sprachzentrum. Doch die Menschen wissen das Hörvermögen meistens gar nicht zu schätzen – bis sie es verloren haben.

Man denke nur an den wunderbaren Filtermechanismus, der es einer Mutter erlaubt, beim Schlafen das rauhe Schnarchen ihres Mannes zu überhören, jedoch sofort hellwach zu sein, wenn das Baby im Nebenzimmer leise zu weinen beginnt. Eines Nachts wurde ein Vater durch das Telefon geweckt. Beim Aus-dem-Bett-Steigen trat er auf ein Spielzeug und fiel mit lautem Gepolter hin. Seine Frau schlief ruhig weiter. Als der Mann noch am Boden lag, ertönte ein leises Husten aus dem Babyzimmer. Sofort war die Mutter wach und lief zu ihrem Kind. Auf dem Rückweg sah sie ihren Mann vor dem Bett liegen und fragte ihn: »Was treibst du denn da auf dem Fußboden?«

In den Ohren befindet sich auch das Gleichgewichtsorgan. Wenn dieses nicht funktioniert, beginnt die Welt um uns herum zu kreisen; uns wird schwindlig.

Die Sprache

Das Sprechen ist uns fast so selbstverständlich wie das Atmen. Aber wie bewerkstelligen wir es? Man kann ein ganz normales Leben führen, ohne jemals etwas vom Sprechvorgang gelernt oder verstanden zu haben. Trotzdem werden wir uns hier einige Details anschauen: Wenn wir etwas sagen wollen, so schickt unser Gehirn einen Befehl an die Lungen, damit sie Luft herauspressen. Die Luft steigt durch die Luftröhre in den Kehlkopf und bringt die Stimmbänder zum Schwingen. Wollen wir in einer höheren Stimmlage sprechen, so befiehlt unser Gehirn bestimmten Muskeln, die Stimmbänder zu straffen. Werden die Bänder lockerer gelassen, so senkt sich die Stimme. Natürlich müssen auch Lippen, Zunge, Kiefer und Zähne zu verständlichem Sprechen und (hoffentlich) schönem Gesang mitwirken.

Der Tastsinn

Haben Sie einmal über das Wunderwerk Ihrer Haut nachgedacht? Sie verwehrt dem Wasser das Eindringen, aber sie läßt Flüssigkeit nach außen. Sie verleiht Ihnen das Unterscheidungsvermögen, ob Sie ein oder zwei Stücke Papier in der Hand halten. Sie empfindet und mißt nicht nur Druck und Schmerz, sondern auch Kälte und Wärme. Das Händeschütteln, das Küssen – all diese Erregungen unseres Tastsinns sind für unser Wohlbefinden wesentlich.

Die Haut ist das größte »Organ« unseres Körpers – ein Geburtstagsanzug, der für uns das ganze Leben lang passend bleibt. Er wiegt durchschnittlich drei Kilogramm, bedeckt eine Fläche von etwa zwei Quadratmetern, bei kleinen Menschen weniger, bei großen mehr. Wir können froh sein, daß die Haut so außerordentlich elastisch ist und darüber hinaus mittels vieler Millionen Sinneszellen unzählige Empfindungen registriert.

Der Geruch

Der Mensch kann im Normalfall 4 000 schätzungsweise verschiedene Gerüche unterscheiden. Einige Experten bringen es sogar auf 10 000! Aber das ist nichts, womit man angeben könnte. Ein Hund übertrifft uns bei weitem. Ein Drittel seines Gehirns ist dem Riechen vorbehalten. Darum kann man Hunde zur Fährtensuche und zur Verbrecherjagd einsetzen. Sie haben ein so ungeheuer gutes Geruchsvermögen, daß sie Düfte unterscheiden können, die selbst in Laborversuchen nicht mehr zu trennen sind.

Wirklich erstaunlich ist, daß wir uns an Gerüche erinnern können, die wir seit Kindertagen nicht mehr wahrgenommen haben. Wie kann ein bestimmter Geruch derart lange im Gehirn gespeichert bleiben? Manche Gerüche erregen unseren Speichelfluß, auf andere reagieren wir schlichtweg mit einem »Pfui!«.

Die Hand

Nichts ist so behände wie die Hand. Stellen Sie sich vor, man würde eine Liste mit allen Aufgaben erstellen, die die menschliche Hand ausführen muß. Gäbe man diese Liste dann in ein Computerprogramm ein, das anhand dieser Vorgaben ein Werkzeug konstruieren soll, welches all diese Tätigkeiten bestmöglichst beherrscht, so würde der Computer als Ergebnis genau die Reproduktion einer Menschenhand ausgeben.

Die Hand ist so wichtig, daß für sie im Gehirn ein eigenes Areal reserviert ist. Die Finger hingegen werden von einem anderen Hirngebiet aus gesteuert.

Das Gehirn

Wer hat dem Geist Verstand gegeben? *Hiob 38,36*

Das Gehirn eines Erwachsenen wiegt durchschnittlich knapp anderthalb Kilogramm und befähigt seinen Besitzer zum Lernen (was auch Tiere können) sowie zum Nachdenken und Überlegen (wozu Tiere nicht in der Lage sind). Es kann verstehen, sich erinnern und Informationen sammeln.

Alle je gemachten Erfahrungen und all unser Wissen sind im Gehirn gespeichert. Welch eine unvorstellbare Datenbank! Es ist wahr, wir können uns nicht jederzeit an alles erinnern; aber alles ist vorhanden und wartet darauf, aufgerufen zu werden.

Ein Gehirnchirurg kann unter örtlicher Betäubung mit einer Elektrode die verschiedenen Teile des Gehirns aktivieren und Erinnerungen wachrufen:

»Was sehen Sie jetzt?«

»Ich liege wegen der Geburt meines ersten Kindes im Krankenhaus. Ich rieche den Äther.«

»Und was jetzt?«

»Unsere ganze Familie sitzt im Wohnzimmer. Wir hören ›Aida‹.«

Überlege einmal, wieviel Wissen und Erlebnisse demnach in unserem Gehirn abgespeichert sein müssen!

Von allen Wundern des menschlichen Körpers ist nichts so unvorstellbar großartig wie das Gehirn. Wir wollen uns zum Beispiel über die nächsten Sommerferien Gedanken machen, und schon geht's los. Aber was geschieht eigentlich?

Wir haben Durst, deshalb setzen wir ein Glas Mineralwasser an die Lippen. Aber wie hat das Gehirn die Hand dazu gebracht, das Glas vom Tisch zu nehmen? Die Wissenschaftler sagen, unsere Gedanken und Absichten entstünden aus einer Kombination von elektrischen Impulsen und chemischen Prozessen. Wer aber setzt diese in Gang? Tatsache ist, daß wir nur sehr wenig über die Arbeitsweise des Gehirns wissen. Es besteht auch wenig Hoffnung, diese jemals vollständig aufklären zu können. Das Zusammenspiel von Gehirn und Körper stellt die höchste Herausforderung an die Biologie dar.

Selbst nichtchristliche Forscher stehen bewundernd vor der atemberaubenden Komplexität des menschlichen Gehirns. Trotzdem weigern sich die meisten hartnäckig, an einen Schöpfer zu glauben.

Edmund Bolles nennt das menschliche Gehirn »die komplizierteste Struktur des bekannten Weltalls«.[4]

Dr. Michael Denton schreibt in *Evolution, A Theory in Crisis,* daß »es Ewigkeiten bräuchte«, wollten Ingenieure versuchen, ein Objekt zu konstruieren, das auch nur annähernd dem menschlichen Gehirn gleicht, auch wenn ihnen die raffiniertesten Hilfsmittel zur Verfügung stünden.[5]

Der Oxforder Professor Roger Penrose, ein Evolutionist und Autor des Buches *Computerdenken: Des Kaisers neue Kleider,* warnt vor der Ansicht, das menschliche Gehirn sei nur ein leistungsfähiger Computer, und eines Tages könnten wir denkende Computer (also »Künstliche Intelligenz«) bauen: »Die einfache Tatsache, daß der Verstand uns zu nichtberechenbaren Wahrheiten führt, überzeugt mich davon, daß der menschliche Geist niemals durch einen Computer ersetzt werden kann.«[6]

Das Raffinement des Gehirns hat auch den wortgewaltigen Wissenschaftsjournalisten und Evolutionisten Isaak Asimov zu dem Bekenntnis veranlaßt: »Die drei Pfund Gehirn in jedem Menschen sind, soweit uns bekannt ist, das komplexeste und geordnetste Stück Materie im ganzen Weltall.«[7]

Unvorstellbare Informationsmengen sind im Gehirn speicherbar. Jemand hat geschätzt, man könne damit zwanzig Millionen Bände füllen. Viele der größten Bibliotheken der Welt weisen nicht so viele Bücher auf.

Zu den ersten, denen die Ordnung und Komplexität des Gehirns auffiel, gehören auch Christen. Die Wissenschaftler DeYoung und Bliss schreiben:

»Unser Gehirn stellt die größte Konzentration chemo-neurologischer Ordnung und Komplexität im physikalischen Weltall dar. Es ist Videokamera, Bibliothek, Computer und Kommunikationssystem in einem. Und je mehr das Gehirn gebraucht wird, um so besser wird es! Allmählich entfaltet sich ein detailliertes Bild des menschlichen Gehirns, dessen Entstehung, vom naturalistischen Standpunkt aus betrachtet, völlig unverständlich bleibt.

Wir stellen fest, daß sich einzelne Bestandteile des Gehirns bemerkenswert zielgerichtet und aufeinander abgestimmt verhalten – jedes einzelne Teil arbeitet sozusagen zum Wohl des Ganzen. Solche Zusammenhänge sind nicht restlos geklärt; unser Gehirn ist nicht in der Lage, sich selbst gänzlich zu begreifen. Wie überall, so können wir auch hier die verwickelten Details der Schöpfung in der uns umgebenden Welt nicht vollständig verstehen.«[8]

Jerry Bergman schreibt:

»Ein Forscher schätzte, daß unser Gehirn täglich mehr als 10 000 Gedanken und Vorstellungen produziert – und bei manchen Menschen liegt die Zahl noch weit darüber.«[9]

Das Gedächtnis

Der amerikanische Bibelgelehrte Robert Dick Wilson lernte 45 alte Sprachen und Dialekte. Eine Gruppe jüdischer Gedächtnisexperten konnte die zwölf riesigen Bände des Babylonischen Talmud auswendig aufsagen.

Arturo Toscanini war dafür bekannt, daß er die Partitur einer Symphonie studierte und sie anschließend, Note für Note, perfekt im Gedächtnis hatte.

Wolfgang Amadeus Mozart hörte in Rom den Sixtinischen Chor das berühmte *Miserere* von Gregorio Allegri singen. Die Partitur dieses Stückes galt als Privatbesitz des Chores und durfte nicht veröffentlicht werden. Nachdem er es gehört hatte, schrieb Mozart es zu Hause *aus dem Gedächtnis* auf.

Im Jahre 1858 spielte Paul Morphy *mit verbundenen Augen* simultan gegen acht Schachspieler! Seine Gegner waren die acht besten Spieler von Paris. Sobald sie ihre Züge angesagt hatten, erinnerte er sich des Spielstandes und ordnete seinen Gegenzug an. Jeder, der *ein* Spiel mit verbundenen Augen fertigbringt, ist schon bemerkenswert gut. Er schaffte es gegen acht. Kein Wunder, daß man ihn den Mozart des Schachspiels nannte.[10]

Vererbung

Wir alle wissen, daß Kinder ihren Eltern oft hinsichtlich des Gesichtsausdrucks, der Haarfarbe, des Knochenbaus, ja, selbst im Hinblick auf ihre Gangart ähnlich sind. Wie aber ist es möglich, daß ein Mensch die poetische Ader erben kann? Wie können die Gene *das Talent* eines Malers oder Musikers übertragen? Doch genau das ist der Fall!

Gefühle – Angst, Zorn, Kummer, Depressionen

In Krisenzeiten pumpt der Körper automatisch Adrenalin ins Blutsystem, und zwar gerade soviel wie nötig. Woher weiß der Körper das?

Der Blutkreislauf

Vier Wochen nach der Empfängnis fängt das Herz an zu schlagen und schlägt von da an unentwegt und unbeirrbar ein ganzes Leben lang weiter. Es pumpt 100 000mal am Tag, und das manchmal 100 Jahre lang, ohne Erholungs- oder Reparaturpausen.

Bei einer Größe von einer Faust pumpt dieses unermüdliche Wunderwerk pro Minute 8,5 Liter Blut. Dadurch verteilt es Sauerstoff und Nährstoffe, schafft Abbauprodukte fort und regelt die Körpertemperatur. Im Lauf eines 70jährigen Lebens schlägt es 2,3 Milliarden Male, ohne daß es von außen geölt werden müßte. Ist das nicht toll?

Das Wunder der Reproduktion

Empfängnis und Geburt sind außerordentliche Wunder. Wir beginnen als befruchtetes Ei von der Größe des Punktes über diesem i. Doch ist in diesem winzigen Kügelchen alles programmiert, was einmal unseren Körper ausmachen wird: Kinnform, Augen- und Haarfarbe, Größe, Geschlecht, Gehirnvolumen, Stimme, die ganze Erscheinung – einfach alles! Wenn sich das befruchtete Ei weiterentwickelt, entstehen Zellen der verschiedensten Art. Sie werden zu Knochen, Muskeln, Nerven und Sehnen und allem anderen, was dazugehört. Die Wissenschaftler fragen sich, woher manche Zellen wissen, daß sie Nieren bilden sollen. Sie wandern dahin, wo die Nieren sitzen und teilen sich immer wieder. Andere bilden genau an der richtigen Stelle tadellose Lungen. Und als sei das nicht staunenswert genug, wissen sie anscheinend auch, wann der richtige Zeitpunkt gekommen ist. So müssen zum Beispiel Adern an Ort und Stelle sein, sobald die Organe soweit sind, daß sie mit Blut versorgt werden müssen. Dieser wunderbare Prozeß der Embryonalentwicklung bringt mit seiner räumlichen und zeitlichen Koordination in vier Wochen ein schlagendes Herz und in drei Monaten ein lernfähiges Gehirn hervor. Wenn aber, aus welchem Grund auch immer, ein schwerwiegender Fehler in diesem Prozeß auftritt, dann weiß der Körper der Mutter, daß etwas schiefgelaufen ist und stößt den Fötus ab. Woher weiß er das?

Die Forscher wissen, daß die Entstehung eines Kindes im Mutterleib immer noch ein großes Geheimnis ist. Wie entsteht Leben? In den Biologiebüchern kann man sehr genau über die einzelnen Ereignisse nachlesen, die zu Empfängnis, Schwangerschaft und Geburt führen. Sie erklären, *was* geschieht; aber das Geheimnis des *Wie* und *Warum* bleibt.

Die Beziehung zwischen Seele und Leib

Die medizinische Forschung weiß heute um die enge Verknüpfung zwischen *Seele* und *Leib*. Darüber hinaus wissen wir, daß die

Verbindung zwischen *Geist* und *Leib* genauso eng ist. Kummer führt zu Magengeschwüren. Aggressive, arbeitssüchtige und ungeduldige Personen erleiden eher einen Herzinfarkt als gelassene und ausgeglichene Menschen. Spannungen führen zu zahlreichen Beschwerden. Sünde bringt oft Krankheit oder gar den Tod. Die psychosomatische Medizin untersucht diese Zusammenhänge.

Die Selbstheilungskräfte des Körpers

Warum sagt der Arzt am Telefon: »Nehmen Sie zwei Aspirin und rufen Sie mich morgen wieder an«? Weil er weiß, daß sich die meisten Unpäßlichkeiten bis zum nächsten Tag gebessert haben. Der Körper verfügt über Schutzvorkehrungen, mit denen er Viren und Bakterien sehr effizient bekämpfen kann.

Das Immunsystem des Körpers ist ein großartiger Mechanismus. Die wirkungsvollen und ausgeklügelten Verteidigungsmaßnahmen des Körpers kommen einem Wunder gleich. Sobald ein Keim oder Virus eindringt, löst er buchstäblich ein Heer von Gegenmaßnahmen aus. Einzelne Körperzellen, das Blut und ganze Organe werden sofort mobilisiert, und all das ohne willentliches Einwirken der betreffenden Person. Alle diese Bestandteile des Immunsystems greifen das gefährliche Bakterium an, indem sie es entweder zerstören oder seine Verbreitung unterbinden. In einigen Fällen führt das zu einer lebenslangen Immunität gegenüber diesem Erreger.

Man bedenke nur, wie viele Warnsignale der Körper aussendet, wenn etwas nicht stimmt – Fieber, Entzündungen, Schmerzen, Blutungen und dergleichen mehr. Das sind aber nicht nur Warnschilder, sondern gleichzeitig Maßnahmen, mittels derer das Übel *bekämpft* wird.

Erstaunlich ist ferner, daß der Körper zwischen eigenen und transplantierten Organen unterscheiden kann. Wie weiß er, was er aufnehmen und was er abstoßen muß?

Geist und Seele

Der Mensch besteht aus drei Teilen, aus *Geist, Seele* und *Körper* (1. Thess. 5,23). Der Körper ist die Struktur, in der Geist und Seele wohnen. Weichen letztere von ihm, so ist er tot. Der Geist befähigt zur Gemeinschaft mit Gott. Die Seele befähigt uns, mit der uns umgebenden Welt Kontakt aufzunehmen, und ist der Sitz des Fühlens, Denkens und Wollens.

Die Bibel lehrt sehr klar, daß es auch außerhalb des Gehirns geistliche Intelligenz gibt. Geister ohne Körper im Himmel und im Hades (Apg. 2) verfügen über Erkenntnis, Erinnerungsvermögen, Sprache und Empfindungen.

So kann niemand die herrlichen Pläne in der Schöpfung leugnen. Wenn es aber *Pläne* gibt, wie darf man dann einen *Planer* verneinen?

Der Sternenhimmel

Wenn ich anschaue deinen Himmel,
deiner Finger Werk, den Mond und die Sterne,
die du bereitet hast:
Was ist der Mensch, daß du seiner gedenkst,
und des Menschen Sohn, daß du auf ihn achthast?

Psalm 8,3-4

Die Himmel erzählen die Herrlichkeit Gottes,
und die Ausdehnung verkündet seiner Hände Werk.
Ein Tag berichtet es dem anderen,
und eine Nachtwache meldet der anderen die Kunde davon.
Keine Rede und keine Worte,
doch gehört wird ihre Stimme.

Psalm 19,1-3

Der da zählt die Zahl der Sterne,
sie alle nennt mit Namen.
Groß ist unser Herr und groß an Macht;
seiner Einsicht ist kein Maß.

Psalm 147,4-5

… der das Siebengestirn und den Orion gemacht hat …,
HERR ist sein Name.

Amos 5,8

Bevor wir über den Sternenhimmel nachdenken, sollten wir uns fragen: »Wer schuf das Universum, das all die Himmelskörper umschließt?« Mit anderen Worten: »Wer schuf den Raum?« Der Gedanke läßt uns schwindlig werden, und das auch wohl zu Recht.

Spurgeon sagte, daß »jedes Teil der Schöpfung mehr Information enthält, als der menschliche Verstand ergründen kann, aber der himmlische Bereich ist besonders reich an geistlichen Erkenntnisschätzen«[11].

Würde es einen Pfennig kosten, 1000 Kilometer zu fahren, so käme die Fahrkarte zum Mond 3,84 DM. Für eine Reise zur Sonne müßte man 1496 DM hinlegen; doch eine Fahrt zum nächsten Fixstern würde sage und schreibe 418 Millionen DM kosten. Wollte man gar eine Expedition zur nächsten Galaxie buchen, müßte man die unvorstellbare Summe von 200 Billionen (2×10^{14}) DM berappen.

Mit bloßem Auge können wir bestenfalls 5000 Sterne sehen. Durch ein einfaches Hobbyteleskop erhöht sich die Zahl auf 2 Millionen. Das Hubble-Weltraumteleskop offenbart uns viele Milliarden Sterne. Sir James Jeans sagte, es gäbe sicherlich so viele Sterne wie Sandkörner an allen Stränden der Welt zusammen. Doch stehen die Sterne nicht nahe beieinander; vielmehr gleichen sie einsamen Leuchtfeuern in einem grenzenlosen Ozean.

Astronomen erkennen Objekte, die scheinbar Milliarden Lichtjahre entfernt sind. Ein Lichtjahr ist die Entfernung, die das Licht in einem Jahr zurücklegt. Da es eine Geschwindigkeit von

300 000 Kilometern in der Sekunde hat, legt es in einem Jahr mehr als 9 000 000 000 000 Kilometer (über neun Billionen Kilometer) zurück.

Was die Größe angeht, ist unser Planet im Vergleich zu anderen Himmelskörpern sehr unbedeutend. Im Jupiter hätten mehr als tausend Erdkugeln Platz, und in die Sonne würden sogar 1 300 000 Exemplare unseres blauen Planeten passen.

Die Milchstraße umfaßt ungefähr 200 Milliarden Sonnen, von denen einige 500 millionenmal so groß sind wie unsere Sonne.

Mit bloßem Auge können wir am Sternenhimmel außer den Planeten und den Sternen der Milchstraße nur drei andere Galaxien erkennen. Doch mit Hilfe langbelichteter fotografischer Aufnahmen hat man unzählige weitere Galaxien entdeckt. Mit wissenschaftlichen Methoden sind heute 100 Millionen Galaxien am Himmelsgewölbe nachweisbar, aber die Gesamtzahl der Galaxien im zur Zeit überblickbaren Bereich des Kosmos liegt bei einigen hundert Milliar-

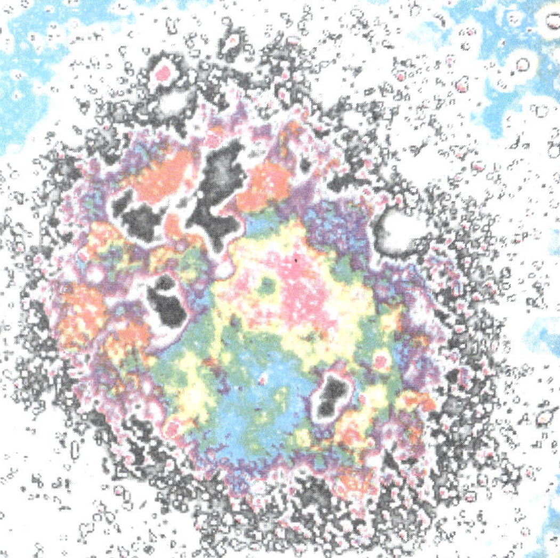

den bzw. einigen Billionen, jede davon mit vermutlich etwa 100 Milliarden Sternen.

Einstein glaubte, wir hätten mit unseren Teleskopen nur den milliardsten Teil des »theoretisch möglichen Raumes« erfaßt. Wollte ein Mensch andere Himmelskörper besuchen, so wäre die Chance, dorthin zu gelangen, unendlich klein – ja man kann's vergessen, denn alle Sterne sind viele Lichtjahre voneinander entfernt.

Zu den aufregendsten Entdeckungen der Astronomie gehört die Tatsache, daß Galaxien sogar in Gemeinschaften auftreten, den sogenannten Galaxienhaufen. Ein solcher »Haufen« ist dabei aber keineswegs ein eingeengter Bereich, sondern hat einen mittleren Durchmesser von etwa drei Millionen Lichtjahren.[12]

Selbst Ungläubige räumen ein, daß Galaxien universale, unerklärliche Ordnung und Schönheit aufweisen. Ein Astronom sagte, die Galaxien seien für die Astronomie das, was die Atome für die Physik sind. Ein anderer sprach von dem ehrfurchteinflößenden Bau des Universums, das nicht nur unendlich groß, sondern auch wunderbar in seiner Vielgestaltigkeit und Komplexität sei.

Tatsächlich übertrifft die Größe des Universums das Vorstellungsvermögen der Menschen; es ist überreich an erstaunlichen Fakten, voll der verblüffendsten Zusammenhänge und funktioniert mit atemberaubender Präzision.

O größtes Wunder, je vollbracht,
Anbetend staune ich:
Der alle Sterne hat gemacht,
Starb einst am Kreuz für mich.

unbekannter Autor

Kürzlich las ich in einem wissenschaftlichen Artikel, das Universum sei so harmonisch und subtil abgestimmt, daß die Chance der zufälligen Entstehung nicht größer sei als die Wahrscheinlichkeit, von der Erde aus mit einem winzigen Dartpfeil bei einer Zielscheibe auf einem Quasar am anderen Ende des Kosmos genau ins Schwarze zu treffen. In Wirklichkeit ist dieser anschauliche Vergleich erbärmlich unzutreffend. Die Wahrscheinlichkeit ist noch unendlich geringer.

Der Planet Erde

... weil das von Gott Erkennbare unter ihnen offenbar ist, denn Gott hat es ihnen offenbart – denn das Unsichtbare von ihm, sowohl seine ewige Kraft als auch seine Göttlichkeit, die von Erschaffung der Welt an in dem Gemachten wahrgenommen werden, wird geschaut – damit sie ohne Entschuldigung seien.

Römer 1,19-20

Als Gott Sein Schöpfungswerk beendet hatte, sah Er, daß »alles sehr gut war«. Niemand von uns kann begreifen, wie »sehr gut« es tatsächlich war! Alles, was der Herr tut, ist vollkommen.

Das gilt nirgends mehr als hier, auf unserem Planeten. Der Schöpfer machte die Erde so, daß sie in jeder Beziehung der ideale Wohnort für Menschen sein konnte; nicht nur im Hinblick auf Schönheit, sondern auch für die Lebensbewältigung war alles aufs Beste für uns eingerichtet. Soviel wir wissen, kann sich kein Planet im Weltall rühmen, es der Erde an Vorzügen gleichzutun.

So hat sie zum Beispiel genau den richtigen Abstand zur Sonne. Wäre er nur ein wenig größer oder kleiner, könnte kein Leben auf unserem Planeten existieren.

Die Erde hat ebenfalls gerade die passende Größe. Andernfalls wäre die Lufthülle entweder zu dicht oder zu dünn, und alles Leben würde zugrunde gehen.

Die Erdachse steht schräg zur Umlaufbahn um die Sonne, dadurch erst sind die Jahreszeiten und somit das Betreiben von Landwirtschaft möglich. Stünde die Erdachse senkrecht, so gliche der größte Teil unseres Lebensraumes der Sahara.

Auch die Erdrotation ist nicht zufällig. Sie ist exakt auf die richtige Geschwindigkeit eingestellt und mit der Umlaufbahn um die Sonne abgestimmt. Dadurch wird die Wärme der Sonneneinstrahlung überall hin verteilt und für die Entstehung von Luftzirkulationen und die Meeresströmungen gesorgt.

Die Luft hat die für uns Menschen richtige Zusammensetzung und Dichte. Unsere Atemluft besteht zu 21% aus Sauerstoff und zu 78% aus Stickstoff. Wir selbst bilden den lebendigen Beweis für ihre Zuträglichkeit. Atmen Sie einmal tief durch und danken Sie Gott dafür!

Gott schuf die Ozonschicht, um uns vor den gefährlichen UV-Strahlen der Sonne zu schützen. Nun reißen die Menschen durch unverantwortliche chemische Emissionen Löcher in diese Schutzhülle; aber das ist ihr Problem, nicht Gottes.

Wasser ist unverzichtbar. Darum bedeckte unser großzügiger Gott mehr als zwei Drittel der Erdoberfläche mit Ozeanen, Flüssen und Seen. Die Wissenschaft kennt keinen anderen Planeten, der zu jeder Zeit über genügend Wasser im flüssigen Zustand verfügt. Es ist ein Hauptbestandteil aller lebenden Organismen, aber ebenso nötig zum Waschen, zum Saftkühlen, zur Dampferzeugung in den Kraftwerken und zu tausend anderen Dingen.

Im Gegensatz zu allen anderen Stoffen ist Wasser in festem Zustand leichter als im flüssigem. Darum schwimmt Eis oben auf dem Wasser. So frieren Seen im Winter von oben nach unten zu. Dadurch werden die unteren Schichten vor dem eisigen Winterklima geschützt. In einer gewissen Tiefe hört dann das Frieren ganz auf. Hätte Wasser die gleichen Eigenschaften *wie alle ande-*

ren Stoffe, die allesamt im festen Zustand aufgrund ihrer höheren Dichte schwerer als im flüssigen sind, so würden die Seen von unten gefrieren, und alles Leben käme um; auch würden die Sonnenstrahlen dieses dicke Eis nicht auftauen können. Menschliches Leben wäre auf der Erde allein aus diesem einen Grunde unmöglich.

Die Annahme, dieses alles sei per Zufall geschehen, ist unsinnig. Stuart Nevins sagt: »Das ist, als wenn man behauptet, die Mona Lisa sei durch wahlloses Spritzen von Farbklecksen auf eine Leinwand entstanden.«[13]

Wunder zu Lande

Wildes Getier und alles Vieh, kriechende Tiere
und geflügeltes Gevögel …
Loben sollen sie den Namen des HERRN!

Psalm 148,10 und 13

Der Löwe

Der »König der Tiere« beteiligt sich aktiv bei der Aufzucht der Jungen. Zusammen mit der Löwin füttert er sie und spielt mit ihnen. Er ist der einzige in der Familie der Katzen, der einen väterlichen Instinkt verspürt.

Die Giraffe

Das Giraffenbaby wird einer Pflegegemeinschaft übergeben, die von der ganzen Herde sehr aufmerksam bewacht wird; dabei ist jedes Jungtier einem bestimmten »Kindermädchen« anvertraut.[14]

Der Elefant

Elefanten erinnern sich noch nach Jahrzehnten an bestimmte Personen, von denen sie einmal gequält wurden, auch wenn sie ihnen die ganze Zeit über nicht begegnet sind.

Der Gecko

Die »Klebefinger« des Gecko sind einmalig im Tierreich, und erst kürzlich wurde ihr Geheimnis gelüftet. Ihre Finger haben dünne Hautblättchen in vielen Größen und Formen, die in alle Richtungen dehnbar sind. Diese wieder sind mit Millionen winziger Noppen besetzt, die auch auf den schwierigsten Oberflächen Halt finden. Außerdem kann sich die faltige Haut zurückwölben und dadurch wie ein Saugnapf ein Vakuum zwischen der Tierpfote und der betreffenden Oberfläche bilden.[15]

Die Rehe

Die Paarungszeit der Rehe dauert von Juli bis August. Dementsprechend würde das Junge im Winter geboren werden, doch gerade dann müßte es leicht dem Hunger, dem Frost und den in dieser Jahreszeit besonders gefährlichen Raubtieren zum Opfer fallen. Doch durch göttliche Weisheit ist das Kitz wohlverwahrt. Beim Muttertier wird das Einnisten des befruchteten Eis in die Gebärmutter hinausgeschoben; erst im Dezember beginnt der Embryo mit dem Wachstum. So wird das Kitz im Mai, neun Monate nach der Empfängnis, geboren, wenn es sich im jungen Grün verbergen kann und die Räuber nicht mehr so hungrig sind.[16]

Das Schnabeltier

Es trägt einen Schnabel, der dem der Ente gleicht, es ist giftig wie eine Viper, legt Eier wie ein Vogel, schwimmt wie ein Biber und säugt seine Jungen wie ein Dackel.

Die Hauskatze

Nicht nur wilde und ungewöhnliche Tiere wie Löwen und Schnabeltiere haben staunenerregende Eigenschaften. Schon ein Kinderlied sagt: »Wir dachten, unsre Katz' ist weg, doch plötzlich kam sie wieder.«

Eine Katze kam zurück, nachdem sie acht Jahre fort war: Ein Hausbesitzer in Bancroft im US-Bundesstaat Wisconsin hörte eine Katze an der Haustür miauen. Als er geöffnet hatte, kam ein großer, langhaarig-grauer Kater herein, der alles genau inspizierte, dann zu schnurren begann und auf einen Stuhl sprang. Die Familie traute ihren Augen nicht. Als man aber Bilder holte, die vor acht Jahren gemacht waren, stellten sie fest, daß »Clem« heimgekehrt war und es sich auf seinem alten Lieblingsstuhl gemütlich machte.[17]

Wunder im Meer

Der Blauwal

Hier eine Beschreibung des größten Tieres, das es je auf Erden gab: »Es ist länger als drei große Lkws und schwerer als 100 Mittelklasse-Pkw, und sein Herz ist so groß wie ein VW Käfer. Wieviel Tonnen muß ein solches Tier fressen? Etwa vier Tonnen Krill (kleine im Plankton lebende Krebse) liefern die benötigten drei Millionen Kilokalorien! Selbst ein frisch geborenes Walbaby verdrückt alle 24 Stunden 450 Liter (der fettesten) Milch. Wenn ein Blauwal auftaucht, nimmt er den tiefsten Atemzug aller Geschöpfe auf Erden, und beim Ausatmen spritzt er eine haushohe Fontäne aus dem Meer.«[18]

Der Delphin

Weibliche Delphine umkreisen ein tragendes Weibchen, um es vor allen Gefahren zu beschützen, damit es, langsam schwimmend, in Ruhe sein Junges zur Welt bringen kann.

Das Seepferdchen

Im Tierreich einzigartig ist die »Schwangerschaft« der männlichen Seepferdchen. Mehrere Weibchen legen ihre Eier in die Bruttasche des Männchens, die mit dem Heranwachsen der Larven immer mehr anschwillt. Nach einer Entwicklungszeit von sechs bis acht Wochen werden die Jungen ins Wasser entlassen. [19]

Wunder in der Luft

Einige der bestbekannten und meistbewunderten Gottesgeschöpfe können fliegen. Unübertroffen sind sie allein schon wegen ihrer Mannigfaltigkeit, ihrer Farben sowie ihres Gesanges; dazu kommt noch ihre ungeheure Vielzahl. Letzteres betrifft vor allem die Insekten. Wer hat als Kind nicht schon einmal an einem heiteren Sommertag hinter einem bunten, schillernden Schmetterling hergejagt?

Doch noch erstaunlicher sind die wissenschaftlichen Fakten über viele dieser kleinen fliegenden Wunder.

Der Wanderinstinkt

Der Vogelzug ist von schwindelerregender Erstaunlichkeit. Die Vögel kennen Ziel und Kurs haargenau. Sie wissen bis ins Detail, wo sie nisten, wo sie Futter finden und wo sie den Winter verbringen. Eine Art des Strandläufers reist beinahe 16 000 Kilometer ins Winterquartier.

Die arktische Seeschwalbe unternimmt jährlich zwei Reisen von fast 18 000 Kilometern von einem Polargebiet zum anderen, und das ohne Kompaß und Landkarte.

Zugvögel haben ein eingebautes Navigationssystem. Da sich eine Kursabweichung fatal für sie auswirken würde, müssen sie die Ablenkung durch den Wind ständig korrigieren. Die Menschen haben sie verschiedentlich durch raffinierte Versuchsanordnungen zu irritieren versucht; alle Versuche schlugen jedoch fehl.

Die Klappergrasmücke

Das Klappern ist sicher nicht das Wichtigste an diesem kleinen gefiederten Freund, doch der Wanderinstinkt der Klappergrasmücke ist frappierend. Nachdem sie in Deutschland den Sommer verbracht hat, zieht es sie in wärmere Gegenden, wobei sie ihre elterlichen Pflichten sträflich zu vernachlässigen scheint, denn sie läßt ihre Jungen allein zurück.

Erst Wochen später machen sich die jungen Grasmücken auf den Weg, um über Tausende von Kilometern durch unbekannte Gebiete und ohne fremde Hilfen wieder mit ihren Eltern zusammenzutreffen. Offensichtlich verfügen sie über ein eingebautes Navigationssystem, das geographische Länge und Breite sowie den Sternenhimmel in seine Berechnungen einbezieht. Mit unübertrefflicher Präzision treffen sie zur rechten Zeit am rechten Ort ein.[20]

Die Möwen

Wenn wir über die Wunder des Universums nachdenken, kommen uns so alltägliche Kreaturen wie Möwen recht uninteressant vor – gehören sie doch zu den Müllmännern Gottes, die sich überall herumtreiben, wo es Wasser gibt, und oft auch dort, wo keines ist. Wer schon einmal über den Ozean gefahren ist, hat gesehen, wie die Möwen das Schiff verfolgen, um irgend etwas Eßbares zu ergattern. Da fliegen sie dann – mitten auf dem Ozean und fernab von Land und Süßwasser.

Das wirft die interessante Frage auf: Was trinken die Möwen, wenn sie Tausende von Kilometern vom Land entfernt sind? Die Vermutung, daß sie Meerwasser trinken, können wir getrost verwerfen. Tränken sie Salzwasser, so hätten sie nur eine kurze Lebenserwartung. Aber Wasser brauchen sie.

Die Antwort ist höchst erstaunlich. Sie trinken tatsächlich Salzwasser, denn es bleibt ihnen keine Alternative. Das Salzwasser passiert eine Filtermembran, die sich als äußerst effektive Entsalzungsmaschine erweist. Das Salz wird als Tränentropfen aus den Möwenaugen ausgeschieden. Und das übrige, jetzt salzfreie Wasser kann in den Stoffwechselkreislauf einbezogen werden.

So einfach ist das; doch Menschen können Vergleichbares nur unter enormem Kostenaufwand fertigbringen.

Muschelragout

Als Junge habe ich oft Freunde in Brewster Beach in Massachusetts besucht. Bei Ebbe wird der Strand dort mehr als einen Kilometer breit. Wir gingen dann auf das Watt hinaus und gruben nach Venusmuscheln; das sind besonders große Vertreter dieser zweischaligen Weichtiere.

Dabei haben wir oft fasziniert den Möwen zugeschaut. Die wissen ganz genau, wo sich eine Venusmuschel dicht unter der Wasseroberfläche befindet. Von hoch oben können sie vielleicht die winzigen verräterischen Öffnungen ihrer Atemröhren erkennen. Die Vögel kamen dann wie ein Sturzkampfbomber herabgeschossen und schnappten mit großer Sicherheit die unglückliche Muschel. In elegantem Bogen ging es danach wieder in die Höhe.

Doch gab es nun ein Problem. Die Muschel war sicher verpackt. Wie konnte die Möwe an die fette Mahlzeit gelangen, die zwischen den dicken Schalen steckte? Doch auch dafür wußte sie Rat. Nachdem sie eine von ihr für ausreichend befundene Höhe erreicht hatte, ließ das schlaue Tier die Muschel fallen, legte die Flügel an und überließ sich ebenfalls der Schwerkraft. Gewöhnlich zerbrach die Schale beim Aufprall auf den Strand. Die Möwe breitete die Flügel aus und ergriff die Beute, ohne dabei zu landen. Oben in der Luft verzehrte sie dann die leckere Muschel, die nirgends besser schmeckt als in Neuengland.

Wer hat dem Vogel das beigebracht?

Ein Jäger in Südamerika wurde durch die Angstschreie eines Vogels angelockt. Eine Giftschlange kroch auf dessen Nest zu. Der Vogel flog für kurze Zeit weg und kam mit einem beblätterten Zweig zurück, den er quer über sein Nest legte. »Die Schlange wand sich am Stamm empor und glitt dann auf dem Ast auf das Nest zu. Gerade wollte sie zustoßen, als sie plötzlich den Kopf zurückwarf, als habe sie einen tödlichen Schlag erhalten; sie kehrte blitzschnell um und eilte so schnell sie konnte den Baum hinab.« Später erfuhr der Jäger, daß die Blätter von einem Busch stammten, der ein für Schlangen tödliches Gift enthält. Der Anblick und der Geruch der Blätter hatten die Schlange in die Flucht geschlagen.[21]

Haben Sie schon einmal miterlebt, wenn ein Vogel das Theaterstück »Gebrochener Flügel« aufführt? Wenn eine Katze auf einen Baum zuschleicht, der ein Nest mit Jungvögeln beherbergt, muß die Vogelmutter alle Hebel in Gang setzen, um ihre Kinder zu beschützen. Sie setzt sich auf den untersten Zweig und fliegt dann vom Baum weg, wobei sie sich fortwährend auf den Boden fallen läßt, als sei einer ihrer Flügel gebrochen und sie daher so gut wie flugunfähig. Keine Katze, die ihren Namen verdient, läßt sich eine derart leichte Beute entgehen. Doch auf diese Weise wird der Räuber vom Nestbaum weggelockt. Raten Sie einmal, wer den Kürzeren zieht!

Der Kolibri

Er kann schweben, blitzschnell tauchen, und vorwärts wie rückwärts, senkrecht nach oben wie nach unten oder auch seitwärts fliegen oder aber sich kopfüber fallen lassen, wenn er einem Verfolger entkommen will. Nur mit ausgebreiteten Flügeln segeln kann er nicht. Seine Flügel schwirren schneller als die jedes anderen Vogels. Er erzeugt dabei ein summendes Geräusch, daher heißt er auf Englisch »Summvogel«. Sein Herz schlägt 126mal pro Minute. Kein Kolibri wiegt mehr als 30 Gramm, die kleinsten nur zwei Gramm. Sein Gehirn ist zwar winzig, aber im Verhältnis zum Körper das größte unter allen Vögeln.

Während ihres Wanderzuges fliegen einige Kolibris die 800 Kilometer über den Golf von Mexiko, ohne eine Verschnaufpause einzulegen. Mit einer Durchschnittsgeschwindigkeit von 40 Stundenkilometer brauchen sie in 20 Stunden ein Gramm ihres aufgespeicherten Körperfetts auf. Wenn das keine »ökonomische Fahrweise« ist!

Der Webervogel

Diese wahren Meisterkonstrukteure bauen ihre Nester mit unglaublichem Geschick. Sie häkeln und weben und knüpfen die verschiedensten Materialien fest zusammen; dann verankern sie ihre Meisterwerke mit verknoteten »Tauen« und verbinden sie durch Hängebrücken.

Die Meise

Dieser Vogel wird nicht so sehr durch die Kälte als vielmehr durch den Hungertod bedroht; nach 24 Stunden ohne Nahrungsaufnahme stirbt er. Unser Herr hat gesagt, daß der himmlische Vater die Vögel des Himmels versorgt (Matth. 6,26), und daher leben die Meisen noch immer, vergnügt und ohne sich um den morgigen Tag Gedanken zu machen. Alles ist liebreiche Gnade und schwebende Leichtigkeit.

Das Flughuhn

Das Flughuhn brütet seine Eier in der Wüste Namib aus, wo die Temperaturen bisweilen auf 75 Grad Celsius ansteigen können. Die Glucke kühlt sich in dieser Gluthitze selbst, indem sie ihre Kehle heftig vibrieren läßt, um möglichst schnell die Luft austauschen zu können. Noch erstaunlicher ist, wie das Männchen täglich für die Jungen Wasser herbeischafft. Jeden Morgen fliegt es zum Trinken zu einem weit entfernten Wasserloch. Wegen der vielen an den Wasserstellen lauernden Feinde halten sich die meisten Vögel dort nur für Sekunden auf.

Vater Flughuhn aber bleibt länger, damit sich seine Brustfedern voll Wasser saugen können. Diese Federn sind so beschaffen, daß sie Wasser für den Transport zu den Jungen aufnehmen können. Dann fliegt er schwer mit Wasser beladen zurück – manchmal bis zu 80 Kilometer. Sobald er ankommt, stürzen sich die Jungen auf ihn, da sie instinktiv wissen, wo das kostbare Wasser zu finden ist.[22]

Der Buntspecht

In den Kiefernwäldern der US-Bundesstaaten Georgia und Florida bohrt der Buntspecht das Loch für sein Nest nicht in morsche Bäume, sondern in lebende. Er wählt eine Stelle ziemlich tief unten am Stamm. Das Holz ist so hart, daß manchmal mehrere Vögel zwei Jahre lang daran arbeiten. Dabei läuft aus den obersten Holzschichten ein harziger Saft. Der Buntspecht verteilt diesen Saftstrom über die ganze Öffnung, indem er kleine Rinnen für ihn bohrt, durch die er fließen kann. Das gelbe Harz macht die Höhle, in der der Vogel seine Jungen großzieht, deutlich sichtbar.

»Bitte eintreten«, denkt die Klapperschlange. Sie ist eine gute Kletterin und auf das Ausrauben von Nestern spezialisiert. Und da sich die Höhle unten am Stamm befindet, ist sie für die Schlange äußerst leicht zu erreichen. Aber – und nun kommt das große Aber – der Harzgeruch ist dem Reptil dermaßen zuwider, daß es beim Näherkommen mit einer Rückwärtsrolle zu Boden gleitet und sich auf und davon macht.[23]

Der Monarchfalter

Was kann an einem so kleinen Schmetterling Besonderes sein! Doch man höre und staune: Nachdem der Schmetterling in den Tannen einer bestimmten Hochebene in Zentralmexiko überwintert hat, fliegt er in nördlichere Breiten, weil ihm der dortige Sommer besser gefällt. Auf der Reise legt er gerade so viele Pausen ein, daß er seine Eier an bestimmte Wolfsmilchgewächse legen kann, was für seine Spezies die Arterhaltung gewährleistet.

Dann geschieht das Erstaunliche. Sobald der Winter naht, fliegt die neue Generation auf besagte Hochebene in Zentralmexiko, obwohl sie nie zuvor dort gewesen ist. Wer weist ihnen den Weg? Von ihrer Geburt an hatten sie keinen Kontakt zu den älteren Monarchfaltern; niemand konnte ihnen den Weg zeigen. Doch mit unbeirrbarer Sicherheit ziehen sie in das angestammte Winterquartier.

Die Ameisen

Ameisen gibt es in unzähligen Arten. Sie können 15 bis 20 Jahre leben, sind nahezu oder auch völlig blind und lassen sich durch ihren Geruchs-, Geschmacks- und Tastsinn leiten. Manche Arten sind imstande, Lasten zu tragen, die ihr eigenes Körpergewicht um das Fünfzigfache übertreffen. Ein Mensch müßte vergleichsweise drei Autos auf einmal huckepack nehmen können.

Die Schlupfwespe

Diese in vielen Arten vorkommende Wespen treiben ihren Legebohrer in Haut und Fettgewebe von Larven. Weder die bestverborgene Raupe noch die kleinste Laus entkommt ihnen. Kein passender Wirt wird verschont, nicht einmal Insektenpuppen. Schlupfwespen mit langem Legebohrer suchen in modrigen Baumstümpfen nach Larven. Sie bohren durch das Holz, bis sie schließlich auf die Made stoßen, und legen dann ihre Eier direkt in den Larvenkörper. Warm und geschützt sowie umgeben von lebendigem Nahrungsvorrat braucht die Schlupfwespenlarve nichts zu tun, als nur am Leben zu bleiben. Klugerweise frißt sie zunächst lediglich das überflüssige Fett ihres Wirtes und hütet sich, lebenswichtige Organe anzugreifen; diese kommen erst zuletzt dran.[24]

Nebenbei: Das kleinste Insekt der Welt ist ebenfalls eine Schlupfwespe. Ihre Länge beträgt einen viertel Millimeter. Das heißt, sie ist praktisch unsichtbar; doch sie kann fliegen, hat sechs brauchbare Beine, kann sehen und essen, ist mit vielen deutlichen Instinkten ausgerüstet und hat natürlich auch einen effektiven Legebohrer.

Andere Wunder

Die gegenseitige Abhängigkeit der Geschöpfe

Ein weiteres erstaunliches Naturphänomen ist das wechselseitige Beziehungsgefüge zwischen verschiedenen Organismen, das sogenannte Ökosystem. Manchmal haben sich Lebewesen zu gegenseitigem Nutzen zusammengetan. Seeanemonen zum Beispiel halten sich an Einsiedlerkrebse. Sie schützen diese mit ihren giftigen Tentakeln, und die Krebse wiederum tragen ihre Gäste zu neuen Nahrungsstellen … Ameisen schützen, weiden und »melken« Blattläuse, um von ihnen »Honigtau« zu bekommen ... Die Madenhacker reinigen Nashörner von Parasiten. Dabei haben sie keine Angst davor, von diesen ungeheuerlichen Rhinozerossen verschlungen zu werden.

Manchmal wirkt sich eine solche Beziehung direkt auf die Nahrungskette aus. Der Marienkäfer frißt all die Blattläuse, die ansonsten die Obst- und Gemüseernte verdorben hätten ... So verhindern »freundliche« Käfer Ernteschäden, indem sie Schadinsekten vernichten ... Bienen bestäuben die Obstblüten und Gemüsepflanzen ...

Der »Große Vorsitzende«, der chinesische Diktator Mao, erließ einen Beschluß, die Spatzen seien eine Landplage und müßten ausgerottet werden. So mobilisierte er die Bevölkerung. Sie sollten auf Bratpfannen einschlagend die Vögel immerzu aufschrecken, wenn diese sich niederlassen wollten, bis die Spatzen vor Erschöpfung schließlich tot auf die Erde fielen. Die Ausrottungsaktion endete, als eine große Raupenplage die Ernte zerstörte und die Bäume kahlgefressen wurden. Da waren die Spatzen keine ärgerliche Plage mehr, und Mao hörte auf, sich in die Natur einzumischen.[25]

Ameisen und Termiten graben die Erde um und belüften, bewässern und düngen sie. Diese »kleinen Bauern« verbreiten Samen und machen sich als Aasvertilger nützlich, indem sie 90% aller Kleintierkadaver verzehren.

Polyergus-Ameisen können zwar kämpfen, sich selbst jedoch nicht ernähren; so halten sie sich Sklavenameisen, die sie füttern und alles dazu Nötige erledigen müssen.

Tarnung und Mimikri

Wir alle kennen Beispiele für Tarnfarben im Tierreich, die ihre Träger optisch mit der Umwelt verschmelzen lassen und sie auf diese Weise für Feinde – und ebenso für eventuelle Opfer – unsichtbar machen. Das Chamäleon ist der berühmteste Künstler im Farbenwechsel.

Manche Insekten sehen wie Zweige, Blätter oder Dornen aus. Gottes immer wieder neu verblüffender Erfindungsreichtum ist in dieser Hinsicht grenzenlos, und die Menschen haben, insbesondere für Kriegszeiten, manches davon übernommen.

Bewaffnung

Einige Tiere tragen einen Panzer oder schützen sich mit anderen Verteidigungsstrategien. Das Gürteltier ist völlig mit nahezu undurchdringlichen Knochenplatten bedeckt. Die Stachelschweinborsten sind äußerst wirksam, wie jeder Hund weiß, der einmal mit ihnen in Berührung kam. Wenn Schildkröten ihren Kopf einziehen, sind sie wohlbehütet. Auch Krokodile und Alligatoren müßten eigentlich über ihren zähen Panzer froh sein, genauso wie das Stinktier über sein unerträgliches »Parfüm«.

Gott hat seine Geschöpfe mit allerlei Waffen ausgerüstet – mit Schwertern, Messern, Wasserpistolen und Bomben. Diese stellen sich dar in Form von scharfen Krallen, Zähnen und Hauern oder als Gift in mancherlei chemischer Zusammensetzung. Ein Schwertfisch kann sein Schwert durch die Bordwand eines Bootes treiben. Der Bombardierkäfer hat in seinem Hinterteil zwei Kammern, die zwei verschiedene Chemikalien enthalten. Wird der Käfer durch einen Verfolger bedroht, drückt er die beiden Stoffe in eine »Schießkammer«, wo sie, mit zwei weiteren Stoffen gemischt, explodieren und eine 100 Grad Celsius heiße Gaswolke ausstoßen. Kaum ein Verfolger könnte der Hitze und dem Geruch dieser ausgeklügelten Waffe widerstehen.

Stellen Sie sich einen Fisch vor, der einen Tropfen oder einen Wasserstrahl auf ein über ihn wegfliegendes Insekt abschießen und es mit erstaunlicher Sicherheit auch treffen kann! Es gibt ihn – es ist der Schützenfisch. Um dieses Kunststück fertigzubringen, muß er eine Reihe geometrischer und physikalischer Probleme lösen, weil er die Entfernung, die Richtung und Geschwindigkeit des Insekts genauso berücksichtigen muß wie die Lichtbrechung zwischen Wasser und Luft. Wirklich unglaublich!

Spektralfarben

Dieser Effekt wird am deutlichsten im Regenbogen sichtbar. Aber auch Pfauenfedern oder der Hals des Täuberichs zeigen dieses durch Lichtbrechung entstehende Schillern. Es wird durch die Oberflächenstruktur der Federn hervorgerufen. Ganze Bücher sind über die Pracht irisierenden Lichts geschrieben worden.

Die Schwerkraft

Die Schwerkraft ist ein Geheimnis. Wir können ihre Wirkung feststellen, doch erklären können wir sie nicht. Wir wissen zum Beispiel, daß Gegenstände auf die Erde fallen – aber warum? Wir wissen, daß die Anziehungskraft des Mondes Ebbe und Flut bewirkt – aber warum? Wir wissen so wenig davon, und doch ist sie die Kraft, mit der Gott das Universum zusammenhält.

Der Golfstrom

Der Golfstrom hat es mir seit jeher angetan. Ausgehend vom Golf von Mexiko fließt er als warmer Strom quer durch den Atlantik, ohne sich mit dem kalten Wasser um ihn her zu vermischen. Noch im fernen Norwegen ist sein Einfluß spürbar. Dort erwärmt er die Luft und hält das Wasser eisfrei – ein großer Segen, nicht nur für die Norweger.

Die Wasseramsel

Die meisten Menschen leben und sterben, ohne jemals diese erstaunliche Kreatur gesehen zu haben. Ich rede von der Wasseramsel. Wäre ich ihr nicht selbst auf einer Wanderung in der Sierra Nevada begegnet, so hätte ich die Berichte über sie sicherlich für übertrieben gehalten. Sie ist nur klein, aber sie beherrscht eine Technik, die ihr kaum ein Vogel nachmacht. Sie kann sich in einen Gebirgsbach stürzen und unter Wasser, auf dem Boden entlangrennend, nach Nahrung suchen. Dann taucht sie wieder auf und fliegt hinaus, um sich auf einem Zweig in der frischen Bergluft auszuruhen.

Patentrechte

Es ist kein Geheimnis, daß Gott die Patentrechte auf viele menschliche Erfindungen hat. Nicht einmal das Rad hat der Mensch – wie oft behauptet – selber erfunden: Die Goldene Radspinne formt eine runde Scheibe, mit der sie sich mit 44 Umdrehungen pro Sekunde die Sanddünen hinabrollen läßt, damit sie den Jagdwespen zu entkommt, die hinter ihr her sind. Bei gleicher Umdrehungszahl seiner Räder würde ein Auto eine Geschwindigkeit von 320 Stundenkilometer erreichen.

Als ein Franzose sich mit der Methodik der Wespe bei ihrem Nestbau beschäftigte, kam ihm die Idee, aus Holz Papier herzustellen.

Schnecken tragen ihre eigenen Häuser mit sich umher – als Vorläufer der heutigen Wohnmobile.

Die Raupen des Seidenspinners stellten bereits lange vor dem Menschen Garn her. Und gern würden wir wissen, wie man Seile von der Festigkeit des Spinnenfadens entwickelt, der stärker als ein Stahldraht von gleichem Gewicht ist. Unsere Ingenieure haben es mit Nylon und Perlon erfolglos versucht.

Tintenfische und Kraken schießen mit Düsenantrieb durchs Wasser. Biber, Ameisen, Spinnen und Bienen sind tüchtige Baumeister und Ingenieure. Vögel verstehen es, ihre Nester zu weben und als Girlande aufzuhängen. Weibliche Motten können Radiosignale aussenden, und die Männchen verfügen über die entsprechenden Empfangseinrichtungen.

Salomo hatte recht: Es gibt nichts Neues unter der Sonne.

Fleißige Bienen

Steigt im Bienenstock die Temperatur so an, daß das Wachs zu schmelzen und infolge dessen der Honig auszulaufen droht, stellen sich ganze Schwadronen von Bienen an das Einflugsloch und schwirren äußerst heftig mit den Flügeln. Dadurch

wird das Innere des Stocks gekühlt. Diese fleißigen Tiere können so die Temperatur im Bienenstock konstant bei 35 Grad Celsius halten, auch wenn die Außentemperatur diesen Wert um bis zu 30 Grad Celsius übersteigt. Jemand hat gesagt, dieses Kühlsystem stelle moderne Klimaanlagen vielfach in den Schatten. Dabei ist das Bienengehirn kaum so groß wie ein Stecknadelkopf.

Jungfrauengeburt

Einige Insekten können ohne Mithilfe von Männchen Nachkommen zur Welt bringen. Man nennt das Parthenogenese, eine Art Jungfrauengeburt. Hierbei macht Gott eine Ausnahme von seinen eigenen Naturgesetzen und richtet damit folgende Frage an Skeptiker: Wenn jungfräuliche Insekten durch *natürliche* Geburt Nachkommen hervorbringen, warum sollte dann nicht auch eine jüdische Jungfrau mit Namen Maria dasselbe durch eine *übernatürliche* Geburt können?

Weitgereister Honig

Um ein Pfund Kleehonig zu sammeln, muß eine Biene 60 000 Blütenstände besuchen. Da jeder dieser Blütenstände etwa 60 Einzelblüten umfaßt, muß die Biene ihren Rüssel 3 600 000 mal eintauchen. Das Kleefeld kann bis zu 12 Kilometer entfernt sein. Wieviel Flugkilometer, wieviel Stunden waren nötig, bis der mühsam gesammelte Honig auf Ihrem Frühstückstisch steht!

Elektrizität

Vor dem Aufkommen von Elektroherden gab es bereits Elektroaale – die Zitteraale. Sie können eine Spannung von bis zu 550 Volt abgeben. Das reicht aus, um einen erwachsenen Mann bewußtlos niederzustrecken. Der Afrikanische Messerfisch erzeugt 300 Entladungen pro Sekunde. Manche Elektrischen Fische betäuben ihre Opfer mit dieser Waffe, bevor sie ihre Beute verspeisen. Leuchtkäfer produzieren ein zu 100 % effizientes Licht; nicht der kleinste Energiebetrag wird in Wärme umgesetzt und somit vergeudet. Man kann es wahrhaft als »kaltes Licht« bezeichnen, denn unsere Leuchtstofflampen können ihm in keiner Weise gleichkommen.

Überlebensstrategien für Taucher

Manche Schwimmkäfer nehmen eine an ihrem Hinterteil haftende Luftblase mit, wenn sie tauchen wollen. Die Wasserspinne lebt unter Wasser. Aus Gespinst fertigt sie eine Taucherglocke, dann holt sie von oben Luftblasen, mit denen sie die Glocke füllt.

Luftfahrtexperten

Seit ihrer Erschaffung an sind Vögel perfekte Flieger. Einige Landvögel fliegen Tausende von Kilometern über offenen Ozean, ohne einen Landeplatz, ohne Futter und ohne auszuruhen. Sie können nicht im Fliegen auftanken. Aber sie sammeln gerade soviel Fett an, wie sie benötigen. Um Energie zu sparen, fliegen sie weder zu langsam noch zu schnell. Offensichtlich ist ihnen das optimale Reisetempo bekannt. Dabei müssen sie jedoch auch noch den Luftwiderstand berücksichtigen. Manche Vogelarten fliegen deshalb in V-Formation.

Eine dieser Arten, der Goldregenpfeifer, fliegt 4 500 Kilometer von Alaska nach Hawaii in 88 Stunden – drei Tage und vier Nächte ohne Unterbrechung über das offene Meer. Der für diese Reise veranschlagte Kraftstoffvorrat beträgt 70 Gramm Fett, das ist etwa 50% des normalen Körpergewichtes. Würde er nicht in V-Formation fliegen, hätte er aufgrund des höheren Energieverbrauchs keine Chance, Hawaii zu erreichen, sondern würde etwa 800 Kilometer vor dem Ziel ausgezehrt in den Pazifik stürzen. Doch durch den geringeren Luftwiderstand beim gemeinsamen Flug in Keilform wird gerade soviel Energie eingespart, daß der Vogelschwarm die gesamte Strecke bewälti-

gen kann. Welch eine wunderbare Berechnung! Ist das wohl »Zufall« oder die Weisheit Gottes?!

Es gibt auch fliegende Echsen, auch Draco oder Flugdrachen genannt, die mehr als 16 Meter weit von einem Baum zum anderen gleiten können. Auch Flughörnchen segeln von höhere auf tiefere Zweige. Der beste Gleiter jedoch ist der Albatros, ein Seevogel, der stundenlang ohne Flügelschlag in der Luft bleiben kann.

Köder und Fallen

Hätten Sie gedacht, daß manche Fische, Insekten und Blumen zum Anlocken ihrer Beute Köder auslegen? Und einige haben sinnreiche Fallen, die mit großer Treffsicherheit zuschnappen. Die Venusfliegenfalle verfügt über reizempfindliche Haare, die sofort die beiden Blatthälften wie ein Schloß zusammenklappen lassen, wenn sie von einem Insekt berührt werden. Stößt aber zufällig ein toter Gegenstand an diese Haare, so reagiert die Falle nicht. Eine Spinnenart baut sich ein seidiges Wohnzimmer mit einer ebenfalls seidenen Tür. Nimmt sie ein passendes Tier in der Nähe wahr, so öffnet sie die Tür, wirft sich auf das Opfer und schleppt es in ihr Haus.

Die Baukolonne

Biber sind Architekten hohen Grades. Sie benötigen einen Teich mit tiefem Wasser, um ihre Häuser bauen zu können. Darum errichten sie als erstes mit Baumstämmen und kleinen Zweigen einen Damm. Anschließend bauen die kleinen Baumeister ihre Behausung, die teils über, teils unter dem Wasser liegt. Sie hat einen oder mehrere Eingänge, die alle unter Wasser liegen. Diese müssen aber tief genug liegen, damit sie im Winter nicht vom Eis versperrt werden. Ihren Nahrungsvorrat legen sie unter Wasser dicht bei ihrer Wohnung an.

Einer der geschicktesten Handwerker unter den Insekten ist die Weberameise:

Weberameisen gehören zu den wenigen Geschöpfen, die Werkzeuge verwenden. Sie bauen ihre Nester mittels Zusammenheften von Blatträndern in Bäumen. Zunächst stellen sich mehrere Arbeiterinnen auf dem einen Blatt in einer Reihe auf. Dann ergreifen sie den Rand eines zweiten Blattes und ziehen beide Blätter zusammen. Nun erscheint eine andere Arbeiterin, die eine Larve in ihren Kiefern trägt. Letztere sondert einen fortlaufenden Seidenfaden ab. Während die anderen Arbeiterinnen die Blätter zusammenhalten, setzt die Weberin die Larve als Werkzeug ein, das sie zwischen den Blatträndern hin und her bewegt, bis sie durch ein seidenes Netzwerk ganz fest verbunden sind.[26]

Wenn das per Zufall geschähe, müßten wir den Zufall anbeten!

Sonargeräte

Fledermäuse sind für ihre bemerkenswerten Navigationskünste berühmt. Sie fliegen im Dunkeln und orientieren sich mittels einer Art Echolot. Die Ultraschallwellen ihrer Hochfrequenz-Laute werden von den Objekten, die sich auf ihrer Flugbahn befinden, reflektiert. Auch Delphine bedienen sich dieser sinnreichen Methode. Sie gleichen dem Sonarsystem, das die Marine zur Ortung von U-Booten und auch Fischer zum Anpeilen von Fischschwärmen benutzen. Radar funktioniert anderes; es arbeitet nicht mit Schall, sondern mit elektromagnetischen Wellen.

Abdichtung

Eine Ente weiß, wie sie sich Wasserdichte verleihen kann. Wüßte sie das nicht, würde sich ihr Gefieder voll Wasser saugen und sie aufgrund des Gewichtes versenken. Deshalb drückt sie zunächst ihren Schnabel auf eine Talgdrüse am Schwanzansatz. Dann bestreicht sie ihre Federn mit dem Schnabel und überzieht sie auf diese Weise mit einem dünnen Fettfilm.

Blüten und Pflanzenwuchs

Jeder Baum, jeder Busch und jede Blüte ist ein Wunder der göttlichen Schöpfung. Je mehr sich ein Pflanzenfreund mit ihnen beschäftigt, um so großartiger erscheinen sie ihm. Die ältesten lebenden Gewächse sind die Borstenzapfenkiefern an den östlichen Flanken der Sierra Nevada. Einige von ihnen sind 4000 Jahre alt, wuchsen also schon zu Abrahams Zeiten.

Von Bäumen ernten wir unter anderem Obst, Nüsse und Öl. Aus den Nährstoffen ein und desselben Bodens bilden sie Äpfel, Kirschen, Walnüsse und Oliven. Wie machen sie das? Sie liefern außerdem Holz zum Bauen und zur Papierherstellung sowie viele andere Produkte. Und wie oft haben sie uns an heißen Tagen durch ihren Schatten erfrischt!

Bergleute haben in Arizona Baumwurzeln in mehr als 200 Metern Tiefe gefunden. Diese Wurzeln waren – wie Hiob es ausdrückt – dem Duft des Wassers gefolgt (Hiob 14,9).

Wie langweilig wäre die Welt ohne Blüten! Jesus sagt, daß auch Salomo in all seiner Herrlichkeit nicht bekleidet war wie eine von ihnen. Einige duften herrlich, und je genauer man sie betrachtet, um so hübscher werden sie, das kann man von *künstlichen* Blumen nicht sagen.

Heilkräuter

Manche Pflanzen (Arnika zum Beispiel) werden als Heilmittel verwendet. Arzneifirmen entsenden ihre Mitarbeiter in abgelegene Weltgegenden, um von den Eingeborenen zu erfahren, welche Heilpflanzen sie in ihrer Umwelt finden.

Samen

Samen sind ein Wunder. Scheinbar trocken und tot, erwachen sie zu neuem Leben, wenn man ihnen Wasser, ein Nährmedium (zum Beispiel Erde) und Sonnenlicht gibt. Auch ihre Verbreitung versetzt uns in Staunen. Einige werden von Wind und Wasser fortgetragen, andere haften am Fell von Tieren; wieder andere werden durch Vögel verbreitet – und noch andere durch uns Menschen, wenn wir mit schlammbespritzten Kotflügeln durch die Gegend reisen.

Chemiker sind imstande, alle Inhaltsstoffe der Samenkörner aufzuzählen, und könnten sie sogar zu einer Einheit kombinieren – aber das Ergebnis wäre *ohne Leben.*

Bestäubung

Pollen werden von Insekten verbreitet und genau an Ort und Stelle gebracht. Aber auch Wind, Regen, Vögel und Fledermäuse sind Pollenträger. Bienen zum Beispiel tragen sie an speziell präparierten Stellen an den Hinterbeinen. Ohne Bestäubung gäbe es keine Ernte.

Atome schwingen

Das *National Institute of Standards and Technology* in Boulder im US-Bundesstaat Colorado besitzt eine Atomuhr, die auch nach Millionen Jahren keine Sekunde vor- oder nachgehen wird. In Deutschland befindet sich eine solche Uhr in der Braunschweiger Physikalisch-Technischen Bundesanstalt.

Diese Atomuhren gehen deshalb so genau, weil sie die Schwingungen eines Stickstoffatoms zählen und mit den Schwingungen des Uhrenquarzes vergleichen.[27]

Nur ein Pilz

Ein in Japan wachsender Pilz wird zur Herstellung von FK506 benutzt; diesen Stoff benutzt man, um das Abstoßen eines transplantierten Organs zu unterbinden. Ja, und Penicillin wird aus einem Schimmelpilz gewonnen.

Und da wäre noch unendlich viel mehr

Vögel bekommen durch die Mauser ein neues Kleid, während Schlangen dafür ihre alte Haut abstreifen müssen. Die Düfte in der Natur sind berauschend; wollte man sie beschreiben, würde es Bände füllen. Vögel wissen, wie und wie lange sie ihre Eier bebrüten müssen. Der Winterschlaf ist ein ganz besonderes Wunder. Die Stacheln, die Gott manchen Geschöpfen gegeben hat, sind klein, aber überaus wirkungsvoll. Die Wunder des Herrn verschlagen uns einfach die Sprache.

Zusammenfassung

O Tiefe des Reichtums, sowohl der Weisheit als auch der Erkenntnis Gottes! Wie unausforschlich sind seine Gerichte und unausspürbar seine Wege!

Römer 11,33

Alles, was Gott gemacht hat, ist über die Maßen großartig. Jedes Seiner Geschöpfe offenbart einen unermeßlich durchdachten und vollkommenen Plan. Wir sind überwältigt von den wenigen großartigen Beispielen Seiner Herrlichkeit, die wir in unserem Leben erfahren; und doch sehen wir nur einen winzigen Ausschnitt all Seiner majestätischen Größe. Seine unendliche Weisheit und Erkenntnis wird niemals zu ergründen sein. Allein was Schönheit und Zweckdienlichkeit betrifft, gibt es nichts, was die Werke Seiner Hände übertreffen könnte.

In seiner Schrift *Kritik der reinen Vernunft* betrachtet Immanuel Kant die Welt um sich her und bricht in Begeisterung aus. Sein Satz ist unentschuldbar lang (selbst für Deutsche); aber nichtsdestoweniger wert, zitiert zu werden:

»Die gegenwärtige Welt eröffnet uns einen so unermeßlichen Schauplatz von Mannigfaltigkeit, Ordnung, Zweckmäßigkeit und Schönheit, man mag diese nun in der Unendlichkeit des Raumes, oder in der unbegrenzten Teilung desselben verfolgen, daß selbst nach den Kenntnissen, welche unser schwacher Verstand davon hat erwerben können, alle Sprache, über so viele und unabsehlich große Wunder, ihren Nachdruck, alle Zahlen ihre Kraft zu messen, und selbst unsere Gedanken alle Begrenzung vermissen, so, daß sich unser Urteil vom Ganzen in ein sprachloses, aber desto beredteres Erstaunen auflösen muß.«[28]

Auf gut deutsch: Die Schöpfung ist so wunderbar, daß sie mit Worten und Zahlen nicht zu beschreiben und vom Menschengeist nicht zu erfassen ist.

Bedenken wir die Ordnung und Schönheit der Schöpfung, so ist es Torheit, sie einem imaginären Zufall zuzuschreiben. Die Vielfalt und die Baupläne der lebenden Kreaturen sagen Unisono: »Die Hand, die mich schuf, ist göttlich.« Wir denken nur an die Koordination der einzelnen Körperteile und an das Wunder des Sehens, Hörens, Sprechens, Fühlens und Riechens, dazu das der Verdauung, des Gedächtnisses, der Bewegungen, des Denkens, der Empfindungen und der Vererbung.

Dann staunen wir auch über die exakten Bewegungen der Himmelskörper, über die richtige Zusammensetzung und Dichte der Atmosphäre, über die Eigenschaften des Wassers und über das Wunder der Schwerkraft.

Müssen wir glauben, dies sei alles per Zufall entstanden, oder – wie ein Magazin es ausdrückte – »durch einen wundersamen biologischen Wahnsinn«?

Einstein dachte anders. Er sagte: »Die Harmonie der Naturgesetze offenbart eine so überragende Intelligenz, daß im Vergleich dazu alles systematische Denken der Menschen ganz und gar unbedeutend ist.«

Sir Isaak Newton war ebenfalls anderer Ansicht. Er kam zu dem Schluß: »Das überaus elegante System der Sonnen und Planeten konnte nur dem Vorsatz eines intelligenten und mächtigen Wesens entspringen. Dieses Wesen, dieser ›Ich bin‹, regiert als souveräner Herr aller Dinge.«

In neuerer Zeit hat der bekannte Raketenspezialist Wernher von Braun gesagt: »Man kann sich nicht den Gesetzen und der Ordnung des Universums aussetzen, ohne zu dem Schluß zu gelangen, daß hinter diesem allem Plan und Absicht stehen muß. Wenn wir die Schöpfung genauer erforschten, würden wir auch den Schöpfer besser kennenlernen.«

Sir Fred Hoyle, ein englischer Astronom und eigentlich ein Skeptiker, sagte folgendes: »Wer meint, die erste Zelle sei durch Zufall entstanden, könnte ebensogut behaupten, ein durch eine Flugzeugfabrik brausender Hurrikan könne einen großen Düsenjet zusammenbauen.« Harold Morowitz von der Fakultät für Molekular-Biophysik an der Universität Yale erklärte, die Wahrscheinlichkeit, daß sich ein einziges Bakterium spontan in fünf Milliarden Jahren bildet, betrage 1 zu 10^{110} (das ist eine Eins mit 110 Nullen und zugleich ein anderer Ausdruck für »unmöglich«).

Wir könnten noch andere Veranschaulichungen anführen, die die Absurdität der Vorstellung aufzeigen, die Wunder der

Schöpfung seien Zufallsprodukte: Genausogut könnte man alle Einzelteile einer Schreibmaschine nehmen, in eine Waschmaschine stecken, den Schalter betätigen und warten, bis die Schreibmaschine wieder funktionstüchtig ist. Oder man müßte glauben, ein durch eine Druckerei fegender Tornado sei imstande, die Drucktypen so zu arrangieren, daß sie ein englisches Wörterbuch ergeben. Oder man könnte einen Palast errichten, dadurch daß man einfach wild Steine um sich wirft, oder aber einen Porsche montieren, indem man einen Haufen Blechstücke dem Wind aussetzt.

Selbst ein bekannter Evolutionist gab das zu, weigerte sich jedoch, den rechten Schluß daraus zu ziehen. Der Biochemiker Ernest Kahane faßte sein Weltbild der Evolution in den folgenden prägnanten Satz: »Es ist absurd und absolut unsinnig, zu glauben, daß eine lebendige Zelle von selbst entsteht; aber dennoch glaube ich es, denn ich kann es mir nicht anders vorstellen.«[29]

Doch warum lehnt man Gott so entschieden ab? Die Antwort lautet: Die Menschen sind sich darüber im klaren, daß sie Gott gegenüber verantwortlich sind, wenn es Ihn tatsächlich gibt. Sie wollen sich jedoch keiner höheren Macht unterwerfen, sondern selbstherrlich ihren eigenen Weg gehen.

Obwohl viele Forscher hartnäckig an der Evolution festhalten, stehen sie doch staunend vor den Wundern der Schöpfung. Sie verwenden Vokabeln wie *unglaublich, wunderbar, raffiniert* und *faszinierend*. Sie begreifen: Was wir da sehen, müßte uns vor Staunen auf die Knie zwingen.

Genau das jedoch sollten Gottes Wunder bei all jenen bewirken, die Gott als den Schöpfer und Erhalter alles Geschaffenen anerkennen – sie sollten bewundernd vor Ihm niedersinken und aus vollem Herzen unablässig Anbetung, Lob und Dank aufsteigen lassen. Alex Ross schreibt:

»Das Buch der Psalmen endet mit einem brausenden Crescendo zum Lobe Gottes. In den letzten sechs Psalmen kommt ein Instrument nach dem anderen hinzu, bis im endgültigen Finale ›alles, was Odem hat‹ den Herrn preist (Psalm 150,6). Wir hören, gleich einem Wechselgesang, ein Geschlecht dem anderen die großen Werke Gottes rühmen (Psalm 145,4). Da dröhnen als Schlaginstrumente ›Feuer und Hagel, Schnee und Nebel‹ und ›Sturmwind, der Sein Wort ausrichtet‹ (Psalm 148,8). Dazu ertönt die Melodie von Vögeln und Blumen und Sonne, Mond und Sterne. Die Engel im Himmel preisen Ihn, und auch die Könige der Erde. Und Sie – stimmen Sie schon mit ein? ›Alles, was Atem hat, preise den Herrn! Preist *ihr* den Herrn!‹«[30]

Sehr schön wird das auch im folgenden Lied ausgedrückt:

Du großer Gott, wenn ich die Welt betrachte,
die Du geschaffen durch Dein Allmachtswort,
wenn ich auf alle jene Wesen achte,
die Du regierst und nährest fort und fort,
dann jauchzt mein Herz Dir, großer Herrscher, zu:
Wie groß bist Du! Wie groß bist Du!
dann jauchzt mein Herz Dir, großer Herrscher, zu:
Wie groß bist Du! Wie groß bist Du!

Blick ich empor zu jenen lichten Welten,
und seh' der Sterne unzählbare Schar,
wie Sonn' und Mond im lichten Äther zelten,
gleich goldnen Schiffen hehr und wunderbar,
dann jauchzt mein Herz Dir, großer Herrscher, zu:
Wie groß bist Du! Wie groß bist Du!
dann jauchzt mein Herz Dir, großer Herrscher, zu:
Wie groß bist Du! Wie groß bist Du!

Wenn mir der Herr in Seinem Wort begegnet,
wenn ich die großen Gnadentaten seh',
wie Er das Volk des Eigentums gesegnet,
wie Er's geliebt, begnadigt je und je,
dann jauchzt mein Herz Dir, großer Herrscher, zu:
Wie groß bist Du! Wie groß bist Du!
dann jauchzt mein Herz Dir, großer Herrscher, zu:
Wie groß bist Du! Wie groß bist Du!

Und seh' ich Jesum auf der Erde wandeln,
in Knechtsgestalt, voll Lieb' und großer Huld,
wenn ich im Geiste seh' Sein göttlich Handeln,
am Kreuz bezahlen vieler Sünder Schuld,
dann jauchzt mein Herz Dir, großer Herrscher, zu:
Wie groß bist Du! Wie groß bist Du!
dann jauchzt mein Herz Dir, großer Herrscher, zu:
Wie groß bist Du! Wie groß bist Du!

Kommt her
und seht an die Werke Gottes:
Der so wunderbar ist
in seinem Tun
an den Menschenkindern.
Psalm 66,5

Die Wunder Gottes in Seiner Vorsehung

Gott ist nicht nur der Schöpfer, er ist auch der Erhalter. »Alle Dinge bestehen zusammen durch ihn« (Kolosser 1,17b). Er ist es, der die Materie zusammenhält. Diese Tatsache erklärt, nebenbei bemerkt, ein von den Physikern bisher ungelöstes Problem.

Als ein Gott, der alles in Seinen Händen hält, versorgt Er all Seine Geschöpfe mit Nahrung. Der Psalmist sagt: »Du tust deine Hand auf und sättigst alles Lebendige nach Begehr« (Psalm 145,16). Eine alles umfassende Nahrungskette aufrechtzuerhalten, ist kein geringes Unterfangen!

Er bestimmt bei jedem Baby das Geschlecht, so daß in der Bevölkerung jedes Landes ein Gleichgewicht herrscht.

Er lenkt den Lauf der Geschichte. Da Er alles souverän beherrscht, folgt daraus, daß die Weltgeschichte »Seine Geschichte« ist. Er setzt die menschlichen Regierungen ein, wobei Er mitunter die Niedrigsten hoch zu Ehren bringt. »Gleich Wasserbächen ist eines Königs Herz in der Hand des HERRN; wohin immer er will, neigt er es« (Sprüche 21,1). Er ist der göttliche Schachspieler, der die Figuren mit absoluter Finesse über das Schachbrett bewegt.

Bei alledem leitet Er Sein ganzes Volk und gibt den Seinigen somit Antwort auf ihr dringliches Flehen um Licht für ihre mannigfaltigen Wege.

Er schützt die Seinen vor erkannten und unerkannten Gefahren. Ihnen widerfährt nichts, was nicht zuvor den Filter Seiner grenzenlosen Liebe passiert hat. »Siehe, der Hüter Israels, nicht schlummert noch schläft er« (Psalm 121,4). Jemand sagte: »Es ist Gottes *Schlaflosigkeit,* die uns bewahrt.«

Von Gott kommt nichts Böses, weder Krankheit noch Leid, noch Tod. Doch Er läßt diese Dinge geschehen; dann verwendet Er sie in souveräner Weise um Seiner Ehre willen, so daß sie den Betroffenen zum Segen und anderen zum Heil ausschlagen. Er ist klüger als Satan und Dämonen und böse Menschen, und Er zwingt sie, Seine Beschlüsse auszuführen. So muß »ihr Zorn Ihn preisen«.

Er lenkt den Weg von jedem Virus und Bakterium, von jeder Allergie. Und gleichzeitig wacht Er über alle Speere, Pfeile, Kugeln und Raketen – ja, selbst über die Schaltung der Verkehrsampeln.

Nicht einmal ein Sperling fällt ohne Ihn zur Erde. So vollkommen und universal ist Seine Gegenwart. Er zählt die Haare auf jedem Kopf. Getreu bestimmt Er unaufhörlich Tag und Nacht und läßt die Jahreszeiten werden. Wind und Wellen gehorchen Ihm, wie es in dem berühmten Lied von William Cowper heißt: »Sein Weg ist durch das tiefe Meer, Er fährt dahin im Sturm.«[1]

Unser Herr achtet darauf, daß Seine Moralgesetze ununterbrochen in Kraft bleiben. So paßt Er auf, daß niemand ungestraft sündigen kann. Er richtet das Böse und belohnt das Gute. Manchmal bestraft Er eine Sünde auf der Stelle, doch viel häufiger scheint es dem Bösen gut zu gehen (Psalm 37,35). Die Rechtschaffenen scheinen in diesem Leben tatsächlich mehr zu leiden als die Gottlosen. Die Gerechten werden nicht vor Schmerzen, Krankheit und Sorgen verschont. Christen können genauso plötzlich tot umfallen wie andere. Wir sollten uns vor der Meinung hüten, Unfälle und Leiden seien stets das Ergebnis einer sündigen Lebensführung. Als Jesus auf der Erde lebte, fiel der Turm von Siloah auf achtzehn Leute und erschlug sie. Jesus sagte jedoch, die Opfer seien keine schlimmeren Sünder gewesen als alle, die von diesem Unglück verschont blieben (Lukas 13,4). Wie sagte Spurgeon? »Die sichtbare Vorsehung Gottes nimmt auf Personen keine Rücksicht.«

Dann gibt es noch die geistlichen Gesetze Gottes. Er wird jede Seiner Verheißungen erfüllen. Das ist an sich schon ein enormes Unterfangen, denn die Bibel ist voller Verheißungen. Jemand sagte, die Straße zum Himmel sei mit ihnen gepflastert.

Nichts entgeht Seiner Aufmerksamkeit, nicht einmal unsere geheimsten Gedanken und Absichten. Er führt genau Buch. Alle Werke der Ungläubigen stehen in Seinen Akten und werden beim Gericht vor dem großen weißen Thron vorgelegt. Alle Werke der Gläubigen sind vermerkt und werden vor dem Richterstuhl Christi ihre Belohnung empfangen. Alles, was wir für Sein Volk tun, wird so angerechnet, als hätten wir es Ihm getan.

Es ist der Herr, der die Menschen große wissenschaftliche Entdeckungen machen läßt – nicht alle auf einmal, sondern nach dem von Ihm festgesetzten Zeitplan. Das gilt auch für ärztliche Heilmethoden.

Der allwissende Herr erhört die Gebete aller Sprachen und beantwortet sie gemäß Seiner vollkommenen Weisheit, Liebe und Kraft. Und weil Er niemals schläft, tut Er das rund um die Uhr, ohne jedwede Unterbrechung. Der Herr Jesus *erhört* nicht nur unsere Gebete, Er *betet* selbst für uns. Und die Gedanken, die Er sich um uns macht, sind zahlreicher als die Sandkörner an den Stränden der Meere. Er vollführt alle diese Dinge gleichzeitig.

Die Bibel ist ein endloser Bericht von der Vorsehung Gottes. Einerlei, wo man sie aufschlägt, überall entdeckt man die weise Führung, durch die Er alles nach Seinem Willen lenkt. Er richtet alle Umstände so ein, daß Joseph aus der Erdgrube herausgeholt wird und schließlich »Ministerpräsident« von Ägypten wird. Er führt Ruth zur rechten Zeit an den richtigen Ort, so daß sie dadurch in den Stammbaum des Messias eingereiht wird. Das Buch Esther ist voller Verschwörungen, Intrigen und Gegenverschwörungen und setzt dem Leser mit der Ankündigung einer drohenden Katastrophe arg zu. Doch Gott fügt dem Feind eine Niederlage zu und befreit die Juden. Wer hätte zur Zeit Daniels das Maul der Löwen verschließen können, als allein die allgegenwärtige Fürsorge Gottes, und wer konnte seine drei Freunde aus dem glühenden Ofen retten? Ein Steuergesetz brachte Maria nach Bethlehem, damit Jesus dort, wie im Alten Testament vorausgesagt, geboren wurde. Boshafte Hände kreuzigten und ermordeten den Heiland; doch Gott bediente sich dieser Greueltat zu unserer Erlösung. Göttliche Vorsehung brachte den Evangelisten Philippus zu dem Kämmerer, der auf dem Weg von Jerusalem zurück nach Äthiopien war. Und es war mehr als Zufall, daß dieser gerade Jesaja 53 las, als Philippus sich dem Wagen näherte. Der Gefangenschaft des Paulus verdanken wir vier Briefe des Neuen Testaments: Epheser, Philipper, Kolosser und Philemon. Und die Verbannung des Johannes bescherte uns das großartige Buch der Offenbarung.

Im folgenden berichte ich von aktuelleren Beispielen göttlichen Eingreifens, oder wie Gott Dinge in einer Weise arrangiert hat, die niemals das Ergebnis von Zufall und Wahrscheinlichkeit sein konnten. Obwohl sie nicht alle zur gleichen Zeit stattgefunden haben, hätte dies sehr wohl möglich sein können. Ähnliche Fälle von Gottes perfekter Zeitplanung und Raumkoordination finden immerzu und überall statt.

Glückliche Landung

Es war im Frühling 1971, an einem Ort namens Vero Beach in Florida. Billy Graham betete mit seinem Sohn Franklin und dessen Fluglehrer Calvin Booth, bevor sie starteten, um Franklin zurück zu seiner Schule nach Longview in Texas zu bringen.

Unterwegs meldete das Radio Gewitterböen. So beschlossen sie, zunächst in nördliche Richtung nach Jackson und von dort nach Longview zu fliegen. Diese Route würde sie über mehrere große Städte mit hell beleuchteten Flughäfen führen. Die ursprüngliche Route berührte nur dünnbesiedeltes, also auch spärlich erleuchtetes Gebiet. Als sie sich Jackson näherten, fiel die Lichtmaschine aus, was für sie den unfreiwilligen Verzicht auf alle Lampen, Navigationsinstrumente und Funkeinrichtungen bedeutete. Sie beschlossen, unter die Wolkendecke zu tauchen und in Jackson zu landen. Ohne Funkgerät konnten sie keinen Kontakt mit den Fluglotsen aufnehmen. Als sie sich jedoch näherten, erstrahlte die Landebahn in hellstem Licht, die Scheinwerfer blitzten auf und grünes Licht signalisierte ihnen, daß sie landen konnten.

Erst vier Jahre später erfuhren sie, was geschehen war. Ein Fluglotse hatte zwei Gästen gezeigt, wie das Landesystem funktionierte. Er nahm den dreifarbigen Scheinwerfer und ließ das gelbe und rote Licht in den Kontrollturm scheinen, hielt das Gerät aber aus irgendeinem Grund aus dem Fenster, um das grüne Licht zu demonstrieren. Das hätte für jeden Piloten Landeerlaubnis bedeutet. Dann führte er die Landebahnbeleuchtung bis zur Einstellung größter Helligkeit vor, die für Nebelwetter und Notlandungen vorgesehen war.

Als ein Kollege bemerkte, soeben habe ein unbeleuchtetes Flugzeug zur Landung angesetzt, sagte der Fluglotse: »In achtzig Kilometer Umkreis befindet sich kein Flugzeug.« In diesem Augenblick landeten Franklin Graham und Calvin Booth.

Einerseits hatte der Fluglotse seinen Freunden das Landesystem demonstriert, andererseits mußte er tun, was Gottes Vorsehung beschlossen hatte. Calvin schrieb später: »... so etwas erneuert unser Bewußtsein von der Rolle Gottes als Hüter unseres Lebens.«[2]

Wie sich in Timbuktu die Zweifel eines »Heiligen« auflösen

Steve Saint, dessen Nachname »Heiliger« bedeutet, wurde bei einer Afrikareise von den ärgsten Zweifeln geplagt. Nach eigenen Aussagen befand er sich in einer geistlichen und emotionalen

Wüste. Hätte er nur einmal mit seinem Vater reden können! Doch Nate Saint war 1956 von den Aucas in Ecuador umgebracht worden. War sein Tod nicht völlig nutzlos gewesen? Warum mußte das geschehen?

Steve landete in einem von der UNICEF gecharterten Sechssitzer in Timbuktu. Da beim Rückflug zwei Ärzte Plätze brauchten, konnte es sein, daß er zurückbleiben mußte. Wie sollte er dann nach Mali zurückkommen?

Zuerst versuchte er, einen Lkw zu mieten; aber man warnte ihn, eine Panne in der Wüste könne fatale Folgen haben. Dann suchte er über das Fernmeldeamt Hilfe, doch von dort wurden nur Meldungen ausgesandt; empfangen konnte man keine. Dann erinnerte er sich, daß es in Timbuktu eine christliche Gemeinde geben soll. Trotz der Sprachschwierigkeiten konnten ihm einige Jugendliche den Weg zeigen. Unmittelbar neben dem verschlossenen Gemeindehaus stand ein Gebäude, an dessen Außenwand ein Poster hing. Es zeigte ein von verwundeten Händen überschattetes Kreuz. Darunter stand auf Französisch: »... und durch seine Wunden sind wir geheilt.« Als Steve so dastand und auf das Poster starrte, kam ein gutaussehender junger Afrikaner mit einem weiten, wehenden Gewand auf ihn zu. Dieser hatte sofort einen Missionar zur Hand, der ihn übersetzen konnte, woraufhin er sich als Nouh vorstellte.

Als er auf seinen christlichen Glauben angesprochen wurde, erzählte Nouh, daß er einmal im Garten eines Missionars namens Marshall Mohrrüben gestohlen hatte und dabei erwischt wurde. Nouh befürchtete, vom Gartenbesitzer getötet und aufgefressen zu werden, doch anstatt dessen schenkte der Missionar ihm die Karotten, dazu noch einige Karten mit Bibelversen. Außerdem versprach er ihm einen Tintenstift, sofern Nouh diese Sprüche auswendig lernen würde.

Als er sein Leben dem Herrn Jesus übergeben hatte, schüttete ihm seine Mutter Gift ins Essen. Er hatte davon gegessen und blieb völlig unversehrt. Sein Bruder aber, der nur ein wenig davon genascht hatte, wurde schwer krank und ist bis heute teilweise gelähmt.

Steve sagte ihm: »Es muß für dich als Jugendlicher nicht leicht gewesen sein, eine Ansicht zu vertreten, die dich von der Gesellschaft ausschloß. Woher hast du den Mut bekommen?«

Nouh erzählte, daß der Missionar ihm einige Bücher gegeben habe, und das beste davon handelte von fünf jungen Männern, die ihr Leben freiwillig und um Gottes willen aufs Spiel gesetzt und auch tatsächlich verloren hatten, um den Steinzeitindianern im Urwald Südamerikas das Evangelium zu bringen. Der Übersetzer mischte sich ein: »Ich erinnere mich an die Geschichte, denn einer dieser Leute hatte denselben Nachnamen wie du.«

»Ja«, sagte Steve leise, »der Pilot war mein Vater.«

»Dein Vater?« fuhr Nouh auf. »Dann stimmt die Geschichte also!«

»Ja«, sagte Steve, »die Geschichte ist wahr.«

Als Steve am Abend zum Flugplatz zurückgekehrt war, erfuhr er, daß die beiden Ärzte den Rückflug nicht wahrnehmen konnten; so war für ihn wieder Platz in der UNICEF-Maschine.

Steve sagte dazu: »Die ganze Geschichte gab mir die Versicherung, daß Gott Vaters Tod zum Guten benutzt hat. Mein Vater hat durch seinen Tod Nouh zu einem Glauben geholfen, für den auch er sterben würde. Und Nouh hat mir dafür geholfen, den Glauben meines Vaters wieder zurückzuerlangen.«[3]

Manchmal hält Gott Seine Leute auf

Dr. James M. Gray hatte eine Dampferfahrt gebucht, um sich von einer langen Krankheit zu erholen. Als nun der Reisetermin nahte, wurde er aufs neue ans Krankenbett gefesselt, so daß er die Reise stornieren mußte. Warum hatte Gott das zugelassen? Er hatte die Erholung durch eine solche Reise so bitter nötig. H. G. Bosch beantwortet diese Frage:

»Schon bald erhielt er eine wunderbare Antwort auf seine zweifelnde Frage. In der Zeitung war zu lesen, daß der Dampfer, auf dem er hätte reisen sollen, auf ein Riff im Hafen von Saint John gelaufen und augenblicklich versunken war. Der Herr, der in der Vergangenheit stets sein Beistand war, hatte auch jetzt seine Wege wunderbar gelenkt und ihn vor dem sicheren Tod bewahrt.«[4]

War es ein Engel?

Ned Meharg und Frank Haggerty kehrten von einem Evangelisationseinsatz in abgelegenen Gebieten Boliviens zurück. Am späten Nachmittag erreichten sie eine Stadt. Sie stellten ihr Zelt auf und gingen dann in den Ort, um etwas Eßbares zu finden. Das Hotel in der Stadt hatte ein Restaurant; doch als sie hineingingen, sagte die Wirtin, sie hätten nichts zu essen. Sie wußte, daß die beiden *evangélicos* waren.

Daraufhin gingen sie zur Polizeistation und fragten den diensthabenden Beamten, ob er wüßte, wo es etwas zu essen gäbe. Er sagte: »Klar, im Restaurant des Hotels.« Die Missionare erklärten ihm jedoch, sie seien schon dort gewesen und hätten nichts bekommen. Er sagte: »Kommt mit!« und brachte sie ins Restaurant zurück. Dann gab er der Wirtin den Auftrag, den beiden Fremden etwas zu essen zu bringen. Diesmal sagte sie: »Kommt in einer Dreiviertelstunde wieder.«

Zurückgekehrt wurden ihnen Bratkartoffeln und gekochte Lunge vorgesetzt. Beide Männer waren sehr hungrig, als jedoch

Frank die Lunge probiert hatte, mochte er sie nicht essen. So sagte Ned: »Gut, gib mir das Fleisch, dann gebe ich dir meine Kartoffeln.«

Als Ned von den Lungen gekostet hatte, begann sein Magen sofort wie Feuer zu brennen. Er trank ein Glas Wasser nach dem anderen, doch die Schmerzen wurden immer heftiger. Die Wirtin hatte Rattengift ins Fleisch getan.

Sie mußten dann das Restaurant verlassen und ihren Zeltplatz aufsuchen. Neds Zustand verschlimmerte sich. Bevor er das Bewußtsein verlor, sagte er zu Frank: »Bitte schick meine Bibel zu meinem Vater nach Australien.«

Während Frank sich ratlos fragte, was er tun sollte, trat ein hochgewachsener Mann dazu. »Dein Freund ist krank, nicht wahr?« redete er ihn an.

»Ja, ich glaube, er stirbt.«

»Bleib nur ruhig hier. Ich bin gleich zurück.«

Kurz darauf kam er mit einem Tonkrug voll Ziegenmilch zurück. »Laß deinen Freund das trinken«, ordnete er an.

Frank protestierte, weil Ned ohnmächtig war.

»Das tut nichts zur Sache. Bring die Milch irgendwie in seinen Magen.«

Nun leistete Frank der Aufforderung Folge, und nach einiger Zeit öffnete Ned die Augen.

Hocherfreut rief Frank: »Hier, Ned, trink soviel du kannst!«

Ned trank und trank und trank. Nach einer Weile faßte er sich auf den Leib und sagte: »Das Brennen ist vorbei.«

Der große Mann verschwand, und Ned erholte sich. Am nächsten Morgen konnten sie ihre Missionsreise fortsetzen. Vorher aber legten sie für ihren »Freund« etwas Geld unter den Tontopf.

Monate später, als sie wieder in der Gegend zu tun hatten, wollten sie den großen Mann aufsuchen, um sich zu bedanken. Als sie den Leuten am Ort von ihrem geheimnisvollen Besucher erzählten, antwortete man ihnen: »Hier gibt es keinen großen Mann.« Und als sie von dem Krug mit Ziegenmilch berichteten, sagten sie: »Ziegen gibt es hier auch nicht.«

Ned und Frank teilten daraufhin einem Missionskollegen, Dr. Brown aus Neuseeland, die Geschichte mit. Der Arzt sagte ihnen:

»Die Frau hat Weißen Phosphor ins Fleisch gemischt.« Dann merkte er an: »Ziegenmilch ist bekannterweise das beste Gegenmittel gegen speziell dieses Gift.«

Zur rechten Zeit am rechten Ort

David Johnson war von seinem Missionseinsatz auf den Philippinen mit einer schweren Krankheit zurückgekehrt, die von den Ärzten in Manila nicht richtig diagnostiziert, geschweige denn sachgerecht behandelt werden konnte. In der Uniklinik der Universität Stanford hatte er dann erfahren, daß er am Reiter-Syndrom litt, das eine langwierige Behandlung erforderlich machte.

Doch nun war es endlich überstanden. Er konnte wieder an das Werk des Herrn gehen.

Sein Flug erforderte einen Aufenthalt in Honolulu. Auf dem Flughafen bemerkte er eine vornehme philippinische Dame. Er ging auf sie zu und stellte sich vor. Dann gab er ihr ein evangelistisches Büchlein. Es war Imelda Marcos, die Witwe des früheren philippinischen Präsidenten. Wäre David nicht vom Reiter-Syndrom aufgehalten worden, wäre er niemals zur rechten Zeit am rechten Ort gewesen. Das soll nicht heißen, Gott habe ihn krank gemacht. Er hat die Krankheit zugelassen, und dann benutzte Er sie für Seine Zwecke.

Wo gibt es Mittagessen umsonst?

Richard Varder erzählte gern von einem eifrigen Traktatverteiler, der stillschweigend den Glauben besaß, der Herr werde so lange für sein Auskommen sorgen, wie er Gottes Willen tat. Er stimmte mit Hudson Taylor überein: »Gottes Werk, auf Gottes Weise getan, wird nie der Hilfsquellen Gottes entbehren.« Sein Glaube war einfach und kindlich.

Eines Tages, nachdem er stundenlang Traktate verteilt hatte, war er hungrig und müde, hatte jedoch leider kein Geld bei sich. Weil er glaubte, daß der Herr irgendwie für ihn sorgen würde, ging er in ein kleines Billigrestaurant und bestellte ein Essen. Sobald das Gericht vor ihm stand, neigte er den Kopf und schüttete leise, doch ohne Hast sein ganzes Herz voll Dankbarkeit vor Gott aus. Das war nicht eines dieser bloßen Anstands-Tischgebete, bei denen die Christen nur ein paarmal nervös mit den Augendeckeln klappern.

Als er gegessen hatte, ging er zur Kasse, wo der Inhaber saß; diesem wollte er schlicht seine völlige Zahlungsunfähigkeit eingestehen. Doch bevor er ein Wort vorbringen konnte, sagte der Wirt: »Sehen Sie, mein Herr: Als ich dies Restaurant eröffnete, gelobte ich, dem ersten Menschen, der Gott für das Essen dankt, die Mahlzeit umsonst zu geben. Und Sie sind dieser Erste, darum brauchen Sie nichts zu bezahlen.«[5]

Diese Geschichte soll nun aber nicht als Freikarte verstanden werden, die uns anderen Christen allen zu einem kostenlosen Mittagessen verhilft. Dieser Mann stand im Dienst des Königs und war arm um des Königs willen. Der Herr leitete, ihn in diesem bestimmten Fall so zu handeln, und er hatte Glauben genug, der Herr werde für ihn sorgen. Nur wer wirklich in der völligen Abhängigkeit vom Herrn lebt, darf mit solchem wunderbaren Eingreifen des Herrn rechnen. Unter anderen Umständen hieße das, Gott zu versuchen, und es geschieht einem solchen recht, wenn er zur Strafe Geschirr spülen muß.

Ein Bibelvers als Kennzeichen

Billy B. diente dem Herrn in Bangkok, doch er war auch Korrespondent für zwei amerikanische Zeitschriften.

Wenn er einen Scheck unterzeichnete, so schrieb er stets: Billy B., Phil. 1,21. Und er ging in der Bank auch immer zum selben Angestellten. Eines Tages fragte dieser ihn: »Was bedeutet Phil. 1,21?« Billy erklärte ihm, dies sei sein Leitspruch: »Das Leben ist für mich Christus und das Sterben Gewinn«, und »Phil. 1,21« sei die Stelle im Neuen Testament, wo dieser Spruch zu finden ist, nämlich im Philipperbrief, im 21. Vers des 1. Kapitels.

Eines Abends hatte Billy das Hotel Oriental nach dem Abendbrot hastig verlassen, weil er in Eile war. Dabei ließ er seine Aktentasche samt Scheckheft im Restaurant liegen. Gerade zu dieser Zeit war allerhand Geld auf seinem Konto, weil man ihm einen seiner Zeitschriftenartikel gut bezahlt hatte.

Der Kellner hatte sich bereits der Tasche bemächtigt, einen Scheck mit einer hohen Summe ausgefüllt, mit Billys Namen unterzeichnet und war nun auf der Bank, um ihn einzulösen. Eigenartigerweise ging er zum selben Angestellten, der sonst auch Billy bediente. Der prüfte den Scheck und befand die Unterschrift für passend – jedoch unvollständig: »Phil. 1,21«

fehlte. Der Angestellte rief Billy an, und als dieser die Bank betrat, floh der Kellner. Phil. 1,21 hatte Billy einige Tausend Dollar gerettet.

Gott spricht durch Sein Wort

Am 6. Januar 1989 war ich mit der Abschlußkorrektur für den *Kommentar zum Neuen Testament* beschäftigt. Es war zum Verzweifeln (wohin mich nur Computer bisweilen bringen können). Der Computer machte beharrlich jedesmal neue Fehler, wenn die Textdatei zum Drucken konvertiert werden sollte. Es schien, als hätten wir es mit dämonischen Einwirkungen zu tun. Am nächsten Morgen erhielt ich in einem Rundbrief von Operation Mobilisation eine hübsch gestaltete Karte:

> *Sei stark und mutig, und handle;*
> *fürchte dich nicht und sei nicht niedergeschlagen!*
> *Denn Gott, der HERR, mein Gott, wird mit dir sein.*
> *Er wird dich nicht aufgeben und dich nicht verlassen,*
> *bis alle Arbeit für den Dienst des Hauses des HERRN*
> *vollendet ist.*
>
> *1. Chronika 28,20*

Das war gerade die Verheißung, die ich nötig hatte: *»Er wird mit dir sein, bis alle Arbeit vollendet ist.«*

Gott kann auch durch einen Sturz vom Kamel und durch die Cholera leiten

Vier Christen reisten durch den Nahen Osten, auf der Suche nach einen Ort für ihre Evangelisation für Juden. Dabei erlitt Dr. Black einen Sturz vom Kamel, und man entschied, Dr. Keith solle ihn nach England zurückbegleiten.

Als Dr. Keith in Österreich ankam, war er von Cholera befallen. Die Erzherzogin Maria Dorothea erfuhr von der schweren Krankheit sowie vom Grund dieser Reise. Sie versprach, daß der Erzherzog jeden Missionar unterstützen würde, der sich gedrungen fühlte, sich dort in Österreich niederzulassen.

Daraufhin begann eine Arbeit unter den in jener österreichischen Stadt ansässigen Juden. Zu den dadurch Bekehrten gehören unter anderem Alfred Edersheim und Adolph Saphir – zwei hebräische Gläubige, die zu ganz hervorragenden Dienern Gottes wurden. So benutzt Gott einen Sturz vom Kamel und eine Cholera-Erkrankung, um die Figuren auf Seinem göttlichen Schachbrett zu bewegen.[6]

Nicht Zufall, sondern Vorsehung

»Abgelegen« ist ein untertriebener Ausdruck für die Beschreibung jener Gegend im damaligen »Belgisch-Kongo«, wo William und Margaret Rew dem Herrn dienten. Sie wohnten noch nicht ganz am Ende der Welt, doch – wie man so sagt – konnte man es von dort aus sehen. Um Lebensmittel und andere Bedarfsartikel zu beschaffen, mußte man eine Reise von fast 1000 Kilometern auf sich nehmen. Ihre Einkaufstouren mußten für die Trockenzeit eingeplant werden und dauerten jedesmal drei Monate.

In einem Jahr hatten sie kein Geld bekommen; so mußte die Einkaufsfahrt ausfallen und die lange Einkaufsliste beiseite gelegt werden. Doch der Herr hatte sie nicht vergessen. Eines Tages kam eine dreizehnköpfige Karawane an, die ihre Traglasten an der Tür der Familie Rew ablegte. Ein Landvermesser hatte ihnen diese Sachen geschickt, den die Rews vor einiger Zeit während seiner Krankheit aufopfernd gepflegt hatten. Aus Dankbarkeit hatte er beschlossen, den Missionaren einen ganzen Jahresbedarf zukommen zu lassen, sobald er selbst seinen nächsten Einkauf tätigt.

Auch die Kinder der Familie lebten in jenen Jahren äußerst spartanisch. Manchmal hatten sie noch nicht einmal Schuhe. Doch nun rückte der Urlaub näher, und da brauchten sie unbedingt etwas für ihre Füße. Besonders Anna benötigte ganz dringend Schuhe. Sie machten sich aber keine Sorgen. Auf ihr Gebet hin kam ein Einheimischer an die Tür, der ihnen ein Paar Schuhe verkaufen wollte, das er im 800 Kilometer entfernten Elisabethville (das heutige Lubumbashi) besorgt hatte. Nun brauchte er Geld und wollte die Schuhe verkaufen. Sie paßten Anna wie angegossen.

Zufall? Nein! Wie F. B. Meyer sagt: »Ein solches Wort gibt es im Wörterbuch des Glaubens nicht. Was nach Menschenmeinung Zufall ist, nennt der Glaube Vorsehung.«

Die Kraft eines Spinnennetzes

Mark Wheeler erzählt uns die Geschichte eines Mannes namens Frederick Nolan, der während einer Christenverfolgung in Nordafrika vor seinen Feinden fliehen mußte.

Von seinen Verfolgern über Berg und Tal gehetzt, ließ er sich völlig erschöpft in eine Höhle am Wegesrand fallen und dachte, sie würden ihn gleich finden. Den Tod vor Augen, sah er, wie eine Spinne innerhalb weniger Minuten ein prächtiges Netz quer vor den Höhleneingang webte. Die Verfolger kamen heran und vermuteten, Frederick Nolan habe sich in der Höhle versteckt; doch dann sahen sie das Spinnennetz und meinten, niemand hätte hier eindringen können, ohne das Netz zu zerstören. So zogen sie weiter, und Nolan war gerettet. Er kletterte aus seinem Versteck und verkündete später: »Wo Gott ist, wird ein Spinnennetz zu einer Mauer; und wo Gott nicht ist, wird eine Mauer zu einem Spinnennetz.«[7]

»Bevor sie rufen ...«

Jim Haesemeyer, ein Missionar in Honduras, hatte einen »Durchhänger«. Eigentlich hätte er guter Dinge sein müssen, weil Gott seine Arbeit segnete; doch er war depressiv und mutlos. Er gab zu, daß seine Laune irrsinnig und unnatürlich war. Nie zuvor hatte er eine derartige Depression erlebt. Nachdem er mit seiner Frau darüber gesprochen hatte, beschloß er, an einen Bruder in Lubbock in Texas zu schreiben, damit dieser für ihn beten würde. Als er den Brief zur Post bringen wollte, fand er in seinem Postfach ein Schreiben von eben diesem Bruder aus Lubbock vor – der erste Brief seit 15 Monaten. Darin stand zu lesen:

»Dies schreibe ich, damit du weißt, daß wir viel an Dich denken. Daß ich schreibe, ist für mich selbst ein Wunder. Ich habe nicht einmal an meine Eltern geschrieben. Aber heute abend fühle ich mich gedrungen, Dich wissen zu lassen, daß wir Dich schätzen und uns um Dich sorgen. Ich weiß durch den Heiligen Geist, daß Du Dich elend fühlst; aber fasse Mut; denn unser Vater wird Seine Absichten mit Dir erfüllen. Manchmal ist das Ruhen in Ihm das härteste Stück Arbeit auf unserem Lebensweg ... Möge unser Vater Dich und Deine Familie reichlich segnen und Deine Bitten erhören, bevor Du sie ausgesprochen hast.«

Der Brief hatte von Lubbock aus 16 Tage gebraucht. Er war geschrieben worden, bevor Jim von seiner Depression auch nur etwas gemerkt hatte. Gottes »Timing« ist perfekt. »Ehe sie rufen, werde ich antworten« (Jesaja 65,24).

Im richtigen Augenblick

Es war ein ungewöhnlich harter Winter. Am 8. Februar brachte ein Blizzard so viel Schnee, daß einige der Flachdächer unter der Schneelast zusammenbrachen. Eines Nachts während dieser Zeit meinte ein Gewohnheitseinbrecher, es sei wieder einmal an der Zeit, zuzuschlagen. Er stieg in das Haus eines Christen ein, durchwühlte das Erdgeschoß und ging dann nach oben in eines der Schlafzimmer. Dort fand er ein schlafendes Baby, und da er fürchtete, es könnte schreien und ihn verraten, trug er es nach draußen und legte es in den Schnee. Bald wachte das Kleine auf und fing an zu schreien. Dadurch wurde die Mutter und dann der Vater aufgeweckt; dieser meinte, von draußen ein Weinen zu

hören. Kaum waren beide bei dem Kleinen, da stürzte das Dach ihres Hauses ein. Später fand man den erschlagenen Eindringling mitsamt seiner Beute, die er noch umklammerte, unter den Trümmern. »Eine Vorsehung, die sich um die Spatzen kümmert, wird ganz gewiß auch die Heiligen bewahren.«[8]

Eine scheinbar zufällige Bemerkung

Es war am Wochenende nach dem Thanksgiving Day 1989 (letzter Donnerstag im November; d. Ü.). David Johnson, Matt Clarke und ich hatten auf unserem Heimweg vom Grand Canyon gerade die Ortschaft Lone Pine in Kalifornien erreicht. Es war sehr trocken; kaum irgendwo gab es Regen oder Schnee. Bevor wir das Motel verließen, befahlen wir dem Herrn unsere Reise an. Als wir im Restaurant frühstückten, sahen wir ein Auto mit Skiern auf dem Dach, und wir lachten darüber. Wo wollten diese Leute bei einer solchen Trockenheit Ski fahren?

Nach dem Frühstück wollten wir drei Stunden nordwärts zum Monosee fahren, dann den Tiogapaß überqueren und über Yosemite heimkehren. Beim Zahlen sagte ich zur Bedienung: »Ich schätze, Sie hätten gerne Schnee, dann könnten Sie an den Skitouristen einiges verdienen.« Die Frau antwortete: »Komisch, daß Sie das sagen; gerade eben hat das Radio gemeldet, daß es am Tiogapaß derart heftig schneit, daß er für den ganzen Winter gesperrt ist.«

Diese gravierende Nachricht wollten wir uns auf der nächsten Polizeistation bestätigen lassen. Dort erfuhren wir, daß alle Pässe im Norden wegen Schnee geschlossen waren.

Die scheinbar zufällige Bemerkung zur Kassiererin ersparte uns sechs unnötige Fahrstunden. Wir fuhren südwärts, überquerten die Berge bei Bakersfield, und von dort ging es geradewegs nach Hause.

Gott sorgt erstklassig für uns

J. Boyd Nicholson hatte eine Predigtreise durch Zaire unternommen und befand sich nun auf dem Heimweg nach Kanada. Den ersten Abschnitt dieser Reise bis Uganda absolvierte er in einem kleinen Missionsflugzeug. Die dortigen Asiaten flohen vor dem Terrorregime des Diktators Idi Amin, und Weißen war sogar die Einreise untersagt. Auf dem Flughafen in Entebbe schrie der Grenzbeamte Mr. Nicholson an, er solle augenblicklich verschwinden. Das war unmöglich; das Missionsflugzeug war mit Missionarskindern überfüllt, die nach Zaire gebracht werden sollten. Schließlich wurde die Ausweisung bis zwei Uhr mittags verschoben. Mr. Nicholson stand vor der Wahl, entweder spätestens dann das Land zu verlassen oder verhaftet zu werden. Der

Diener Gottes sandte seine Gebete empor zum Herrn, dem Engel, Gewalten und Mächte untertan sind.

Um ein Uhr landete eine britische Maschine zu einem unplanmäßigen Zwischenaufenthalt, um für den Weg nach London Treibstoff aufzutanken. Der zuständige Flugleiter erklärte, alle Plätze seien besetzt, willigte aber ein, das Gepäck zu befördern.

Als die Passagiere wieder ihre Plätze einnahmen, versuchte der verzweifelte Prediger, sich unter sie zu mischen. An der Tür fragte ihn niemand nach seiner Karte, er hatte natürlich auch keine. Nun mußte er nur noch einen freien Platz finden!

Eine Stewardeß bemerkte seine Unsicherheit und fragte ihn nach seiner Platznummer, damit sie ihm helfen konnte. Da er jedoch keine besaß, müßte er das Flugzeug verlassen. In diesem Augenblick entdeckte er einen Platz ohne die »Besetzt«-Karte. Die Stewardeß war bereit, die Angelegenheit zu prüfen, weil sie inzwischen erfahren hatte, daß Mr. Nicholson andernfalls ins Gefängnis käme.

Das Warten kam ihm schier endlos vor. Endlich kehrte sie zurück und sagte: »Ich verstehe es nicht, mein Herr. Wir meinten, ausgebucht zu sein; aber jetzt müssen wir starten. Sie können den Platz haben.«

Bald war das Flugzeug in der Luft. Der Diener des Herrn lehnte sich in seinen First-Class-Sitz zurück und blickte auf seine Armbanduhr. Es war punkt zwei Uhr.

Eine Stunde später, als das Essen serviert wurde, fehlte der Besatzung ein Steak-Menue. Man entschuldigte sich bei Mr. Nicholson und fragte ihn, ob er mit einem Essen aus der Economy Class zufrieden wäre. Das war unter diesen Umständen wirklich ein kleines Opfer.

Aber selbst das war unnötig. Ein Sikh mit Turban, der auf der anderen Seite saß, wollte kein Fleisch essen. So war der Tausch schnell geregelt.

Es stellte sich heraus, daß der neben Mr. Nicholson sitzende Passagier ein leitender Angestellter der Fluggesellschaft war. Nachdem er von dem Dilemma des Predigers gehört hatte, versprach er ihm jede erdenkliche Hilfe. Als sie um elf Uhr abends in

London angekommen waren, begleitete er ihn durch die Einwanderer- und Zollabfertigung; dann brachte er ihn zum Ticketschalter und arrangierte für ihn freie Übernachtung in einem Flughafenhotel, Taxifahrten, Frühstück sowie Flugtickets nach Schottland und Kanada.

Beim Nachsinnen über diese wundersame Fürsorge Gottes schrieb Mr. Nicholson: »Ich frage mich, ob der Herr wohl manchmal lächelt, wenn Er auf uns herabblickt. Dort, an jenem Abend, nach einem herrlichen Duschbad und in Anbetracht des zu erwartenden Vergnügens, in einem so königlichen Bett prächtig auszuschlafen, konnte ich nicht anders als lächeln, als ich meine Knie vor dem beugte, von dem die Schrift sagt, daß er in den Himmel gegangen, zur Rechten Gottes ist, und Engel und Mächte und Kräfte sind ihm unterworfen.«[9]

Außergewöhnliche Verse

Als W. E. Vine und sein Bruder vor etlichen Jahren in einer Schule in Exeter angestellt waren, erging an W. E. der Ruf, Mitglied des Echo Service zu werden, einer Missionsgesellschaft in Bath. Beide beteten ernstlich wegen dieser Angelegenheit. Eines Morgens stieß W. E. bei seiner fortlaufenden Lesung auf 5. Mose 31,7: »Du wirst mit diesem Volk in das Land kommen.«

Etwa um die gleiche Zeit war sein Bruder zu einem Predigtdienst in einer anderen Stadt. Als er sich nach dem morgendlichen Gebet von den Knien erhob, bemerkte er an der Wand einen Text mit einer ungewöhnlichen Verskombination: »Ich war ja allein übriggeblieben … Mit Gutwilligkeit dienet, als dem Herrn« (Jesaja 49,21; Epheser 6,7). Als sie später ihre Tagebuch-

aufzeichnungen verglichen, wunderten sie sich über diese bemerkenswert kombinierten Verse, warteten jedoch auf weitere Leitung.

Wenn der Herr einen anderen Lehrer schickte, der W. E. an seinem Arbeitsplatz ersetzen konnte, würde dieser sich frei fühlen, um nach Bath zu gehen. Am selben Morgen, als diese Entscheidung gefällt wurde, fragte Mr. Vine so nebenbei einen früheren Schüler ihrer Anstalt, was er beruflich treibe.

Der antwortete, er arbeite in einem Steuerbüro; er würde aber gern damit aufhören und lieber einen Posten als Lehrer annehmen. Dann fügte er hinzu: »Sie haben nicht gerade eine Stelle für mich?«

Dies war dann die Fügung, die die Sache endgültig entschied.[10]

Engelchöre?

Es ist kein Geheimnis, daß manche Gläubige unmittelbar vor ihrem Tod den Herrn Jesus oder die Herrlichkeit des Himmels erblicken. Warum sollten wir daran zweifeln? Stephanus schaute unverwandt in den Himmel und »sah die Herrlichkeit Gottes und Jesus zur Rechten Gottes stehen« (Apostelgeschichte 7,55).

Vor einiger Zeit wurde bekannt, daß etwas Ähnliches geschah, als am 8. Januar 1956 fünf junge Missionare unter den Speeren der Waorani (Aucas) in Ecuador zu Tode kamen.

Im Januar 1989 – also dreiunddreißig Jahre später – besuchte Olive Fleming Liefeld mit ihrem Ehemann Walter und einigen anderen den Ort des Martyriums. Ihr erster Gatte, Pete Fleming, war damals einer der Märtyrer.

Eines Tages während ihres Besuchs sprach Rachel Saint (die Schwester von Nate Saint, einem anderen der Märtyrer) mit zwei Indianern, die Augenzeugen der Bluttat an den Männern waren. Einer hatte im Wald gesteckt, während der andere direkt am Ufer war, wo die Missionare starben.

Beide Indianer bezeugten, sie hätten ein Singen gehört. Als sie ihren Blick über die Baumwipfel erhoben, sahen sie eine große, von Hunderten strahlender Lichter umgebene Volksmenge. Das

Licht war überaus hell und funkelnd; dann verschwand alles wieder.

Walter und Olive brachten das mit dem Lied in Zusammenhang, das sie am Morgen gesungen hatten, bevor sie zu dem Ufer aufbrachen: »Wenn siegreich wir dereinst durch Glanz von Perlentoren zieh'n …« Vielleicht hatten die Märtyrer einen Vorgeschmack jenen Glanzes erlebt![11]

»Unser täglich Brot …«

Es war zur Zeit, als die Japaner in China einmarschierten und alle Ausländer in Internierungslager inhaftierten. In diesen Lagern waren alle möglichen Leute versammelt, vor allem Geschäftsleute, aber auch Lehrer und einige Missionare. Zu letzteren gehörte auch Christopher Willis. Während er wegen der im Lager herrschenden Gottlosigkeit betrübt zu Gott flehte, kam ihm die Idee, einen Bibeltext in großen Lettern aufzuschreiben und im Speisesaal aufzuhängen. Bevor er interniert wurde, hatte er noch die Gelegenheit genutzt und bei einem Ausverkauf Zeichenpapier, Farbe und Pinsel erworben.

Mr. Willis wußte, daß es nutzlos war, bei der Lagerleitung eine Genehmigung zu erwirken; doch erhielt er vom Direktor der Internierten, Mr. Grant, grünes Licht für seine Aktion. So schrieb er ein Plakat von 1,50 Meter Länge und 1 Meter Breite. Früh am Sonntagmorgen hängte er es an einer Schmalseite des Raumes auf. Der Text lautete:

Vater unser
Der Du bist im Himmel
Geheiligt werde Dein Name
Unser täglich Brot gib uns heute

Die Reaktionen auf diese Verse waren unterschiedlich. Die Lagerleitung meinte, es müsse entfernt werden, weil sich die Katholiken und Juden angegriffen fühlten. Aber der Sprecher der Katholiken sagte, das Plakat habe nur einen Fehler: Es müßte eingerahmt werden. So stiftete Mr. Willis einige Bretter von seinem Bett für einen Rahmen. Die Juden sagten, der Text stünde wortwörtlich in ihrem Gebetbuch und solle hängenbleiben.

Monate später sollte im besagten Speisesaal ein Theaterstück aufgeführt werden, und weil das Plakat schlecht zum Bühnenstück paßte, wurde es abgenommen und in eine Ecke gestellt. Am nächsten Morgen wurde beim Frühstück angekündigt, es sei kein Brot vorhanden. Der Mehlvorrat sei aufgebraucht. Das ging drei Tage so. Dann sagte jemand: »Das liegt bestimmt am Plakat! Der Vers ›Unser täglich Brot gib uns heute‹ wurde weggenommen, und seitdem haben wir kein Brot mehr.« Einer rief: »Das Plakat ist unser Glücksbringer; es muß wieder an die Wand!« Die es abgenommen hatten, hängten es an seinen Platz, und bald gab es wieder genügend Brot.

Einige Monate später stand ein weiteres Spiel auf dem Programm. Diesmal hängten die Akteure einen schweren Vorhang über das Plakat. Wieder gab es kein Brot; der Hefevorrat war vertrocknet. Die Leute beschwerten sich solange über die Bühnenbildner, bis diese gezwungen wurden, den Vorhang abzunehmen, woraufhin das Brot wieder auf den Tischen erschien.

Dasselbe geschah noch ein drittes Mal. Die Verse wurden abgenommen und hinter das Klavier gesteckt. Es gab kein Brot. Ein früherer Brauereibesitzer sagte zu Mr. Willis: »Das Plakat müßte angenagelt werden, damit es niemand mehr abnehmen kann.« Mr. Willis meinte daraufhin, der Exbrauer sollte die Sache gleich in die Hand nehmen.

Das Plakat blieb an der Wand, bis das Lager aufgelöst wurde; und es hat nie wieder an Brot gemangelt.[12]

Hilfe zur rechten Zeit

Don Harris war mit fünf Mexikanern auf dem Heimweg von einer abendlichen Bibelstunde. Stets versuchte er, vor Mitternacht zu Hause zu sein, damit sich Claire keine Sorgen um ihn zu machen brauchte. Doch heute Nacht sollte es anders kommen.

Auf einem einsamen Straßenabschnitt versagte der Motor, und nur mit Mühe konnte Don das Auto an den Straßenrand bringen. Alle Brüder sprangen aus dem Wagen, blickten unter die Haube und versuchten, den Fehler zu entdecken. Der eine meinte dies, der andere das; aber niemand wußte wirklich, woran es lag. Was nun? Einer schlug vor, zu Saulo zu gehen, einem tüchtigen Mechaniker in Zozutla. Das war eine gute Idee! So machten sich vier Brüder auf den Weg in den nächsten Ort, wo sie einen Gläubigen zu finden hofften, der sie nach Zozutla bringen konnte.

Don wartete mit Fanuel Montoya beim Auto; eine Unterhaltung wollte nicht so recht aufkommen. Dafür war ihr Selbstmitleid zu groß, daß sie sich in dieser prekären Situation befanden. Don unterbrach die Stille: »Bruder, hier sitzen wir nun fest und haben noch nicht einmal dafür gebetet.«

»Das stimmt«, antwortete der andere überrascht und beschämt zugleich. »Worum sollen wir jetzt aber beten?«

»Um zwei Dinge. Erstens, daß der Motor wieder anspringt; zweitens, daß wir spätestens um Mitternacht wieder zu Hause sind. Ich möchte nicht, daß meine Frau sich Sorgen macht. Ich bemühe mich nämlich immer, pünktlich heim zu sein.«

Zwei Stunden später kamen die Vier zurück und brachten Bruder Saulo mit. Er untersuchte den Tank und das elektrische System und entdeckte, daß die Zündspule durchgebrannt war. Das sah übel aus. Weit und breit kein Ersatzteillager, und wenn es eins gäbe, so wäre es um diese Zeit geschlossen.

Gerade in diesem Augenblick kam ein VW Käfer vorbei. Natürlich wollte der Fahrer nicht gerne halten, wußte er doch nicht, ob diese Leute »Banditos« waren. Er fuhr langsam heran, wendete dann etwa 50 Meter weiter und kam so langsam zurück, daß er die Situation überblicken konnte. Dann fuhr er weiter, kehrte

abermals zurück und hielt schließlich vor den hilflosen Gläubigen an.

»Kann ich Ihnen irgendwie helfen?«

Saulo rief zurück: »Die Spule ist durchgebrannt.«

Daraufhin griff der barmherzige Samariter auf den Rücksitz, nahm von dort eine Bosch-Zündspule und überreichte sie Saulo. Eine importierte Boschspule war damals eine Rarität in Mexiko, besonders für die Einheimischen. Und daß einer mit einer Reservespule durch die Gegend fuhr, war noch viel ungewöhnlicher.

Don wollte den Fremden bezahlen; aber er wollte kein Geld haben. Immerhin nahm er noch ein Bibeltraktat an, bevor er sich wieder auf den Weg machte.

Die Zündspule war schnell montiert, und die sechs dankbaren Gläubigen konnten weiterfahren.

Um zwei Uhr war Don schließlich wieder daheim. Auf Zehenspitzen schlich er ins Schlafzimmer. Claire schlief fest. Sie war schon vor Mitternacht eingeschlummert.

Als Don später diese Geschichte erzählte, sagte er: »Dies geschah in einer Zeit, als mein Gebetsleben sehr eingeschlafen war. Gott kannte mein Herz und wirkte dieses Wunder, um mir zu zeigen, daß Er immer noch mein Freund war, und ›eine Hilfe, reichlich gefunden in Drangsalen‹.«

Es ging um Zentimeter

Jim sollte irgendwo draußen auf dem Land predigen; aber er kannte den Weg nicht, und auch sein Auto wollte nicht starten. Die Batterie war leer. So bot sich ein junger Gläubiger namens Pedro an, ihn in seinem Lastwagen hinzubringen. Unterwegs verlief alles glatt, und die Zusammenkunft war segensreich.

Auf der Rückfahrt begann es zu nieseln. Es war ein langer Tag, und Jim nickte ein. Er träumte, er säße auf einem Motorroller und führe wie verrückt. Doch zu seinem Schrecken merkte er, plötzlich hellwach, daß er nicht träumte. Der kleine Laster drehte sich auf der nassen Bergstraße wie ein Kreisel. Nachdem er über den Straßengraben geschleudert war, purzelte er die Böschung hinunter. Dabei überschlug er sich einmal und noch ein halbes Mal und blieb auf der Fahrerseite liegen. Als Jim den ersten Schock ein wenig überwunden hatte und ihm klar wurde, daß er noch lebte, merkte er außerdem, daß er auf Pedro lag. Schnell kletterte er aus dem zerbrochenen Fenster über ihm. Dabei trat er zufällig gegen den Lichtschalter der Fahrraumbeleuchtung über der Frontscheibe. Dadurch konnte er nun Pedro sehen. Sein Körper befand sich innerhalb des Lkws, während sein Kopf und Hals außerhalb des Führerhauses steckten. Offensichtlich klemmte ihn das Autodach ein. Als Pedro anfing, um Hilfe zu schreien, war Jim erleichtert, daß er noch lebte. Sofort versuchte Jim, das Auto anzuheben; aber seine Kräfte reichten nicht.

So rannte er zur Straße hinauf und hielt einen Lastwagen an. Nun versuchten Jim und der Fahrer gemeinsam, Pedro zu befreien, aber wieder gelang es nicht. Pedro wurde zusehends verzweifelter, was man natürlich auch verstehen kann. Seine Schreie zerrissen die Stille. Er konnte nichts sehen und saß unentrinnbar in einer Falle.

Das nächste Fahrzeug, das auf der Straße vorbeikam, war ein Bus. Auf das Unglück aufmerksam gemacht, stiegen alle Insassen aus – zwanzig an der Zahl – und kletterten die Böschung hinab. Mit vereinten Kräften schafften sie es endlich, den Lastwagen anzuheben und somit Pedro zu befreien. Jetzt erst erkannte Jim, wie gut Gott wieder einmal vorgesorgt hatte. Direkt rechts neben Pedros Kopf lag ein großer Felsblock, der das Gewicht des Lastwagens abgefangen und Pedro das Leben gerettet hatte. Wäre der Wagen nur wenige Zentimeter weiter links umgefallen, so hätte er Pedros Kopf zerdrückt. Und einige Zentimeter weiter nach rechts hätte der Felsen seinen Kopf zerschmettert. So aber kam er mit einem gebrochenen Kiefer davon. Alle, die es sahen, bezeichneten es als ein unglaubliches Glück. Jim und Pedro aber wußten, daß es die Maßarbeit ihres wunderbaren Herrn war.

Autos krachen zusammen, überschlagen sich, Glas zerbirst und splittert, Blech wird verbogen und klemmt die Insassen ein; doch Gott kann Seine Leute erretten, wo andere nur sagen: »Aus dem Wrack kommt niemand lebendig heraus.«

Die leise, feine Stimme

Es geschah, als Wallace Logan auf Heimaturlaub war und sich gerade in New York aufhielt. Er hatte das starke Empfinden, er sollte eine ältere Christin in New Jersey besuchen. Als erstes mußte er dazu telefonisch mit ihr Kontakt aufnehmen; aber er bekam keinen Anschluß und schloß, daß sie wohl verreist sei. Normalerweise hätte er jetzt die Sache als erledigt betrachtet; aber der intensive Eindruck wollte nicht weichen.

Schließlich entschloß er sich, mit dem Zug hinzufahren und nachzuschauen. Doch dann wurde ihm plötzlich bewußt, daß er kein Geld für eine Fahrkarte hatte. Der innere Druck war jedoch so groß, daß er zum Bahnhof ging und sich an der Schlange vor dem Fahrkartenschalter anstellte, was unter diesen Umständen völlig sinnlos erscheinen mußte. Jetzt waren noch fünf Leute vor ihm, dann drei, dann zwei, dann einer. In diesem Augenblick ging ein Gläubiger aus der Bethany Chapel in Yonkers vorbei und bemerkte ihn.

»Bruder Logan, was machst du hier?«

Der Missionar erklärte ihm, er sei auf dem Wege zu besagter Frau in New Jersey, die beiden gut bekannt war. »Gut, dann laß mich wenigstens die Fahrkarte bezahlen«, sagte der Mann und überreichte ihm einen 20-Dollar-Schein. (Die Fahrkarte kostete 7 Dollar.)

Mr. Logan fuhr mit dem Zug, ging dann zu der Wohnung und klopfte an die Tür. Keine Antwort. Er klopfte lauter; aber niemand zeigte eine Reaktion. Als er an die Klinke faßte, fand er die Tür unverschlossen. Im Flur meinte er, ein Stöhnen zu vernehmen, ging den Lauten weiter nach und fand die Frau im Wohnzimmer auf dem Fußboden liegend. Sie war gefallen und lag nun seit zwei Tagen da, weil sie sich allein nicht aufrichten konnte. Mr. Logan bestellte den Notarzt und der brachte sie ins Krankenhaus, wo sie sich schnell erholte.

Offensichtlich hatte Gott die Hilferufe dieser lieben Christin gehört und deshalb Geist, Willen und Herz des Missionars angerührt, damit dieser ihr trotz mancher Hindernisse rechtzeitig zu Hilfe kam.

Gottes perfektes »Timing«

Richard De Haan, ein Bibelschullehrer aus Grand Rapids im US-Bundesstaat Michigan, versuchte nach Hause zu kommen, nachdem er in einer Stadt in Florida Vorträge gehalten hatte. Zuerst würde er in Chicago das Flugzeug wechseln müssen. Es lief auch zunächst alles glatt, bis sie sich über Lafayette im Bundesstaat Indiana befanden. Dort meldete der Flugkapitän, sie müßten ein wenig »warten«, weil in Chicago das Wetter zu schlecht sei. So »warteten« sie eine Weile.

»Meine Damen und Herren, hier spricht der Pilot. Weil die Sicht auf dem O'Hare-Flughafen in Chicago gleich Null ist, werden wir nach Atlanta fliegen.« Schachmatt!

Zurück nach Atlanta. In der Wartehalle sitzen. Endlich besseres Wetter in Chicago. Auf nach O'Hare. Dann ein guter Flug und eine sichere Landung.

Erneut Ärger. Der Flug nach Grand Rapids ist gestrichen. Normalerweise fährt man in einer solchen Situation mit dem Zug – also los! Ein Bus fährt direkt in die Innenstadt zum Hauptbahnhof. Alles klar, und Zeit ist ebenfalls genügend vorhanden.

Aber niemand hatte mit einem Stau auf der Autobahn gerechnet. Jetzt würde Richard auf keinen Fall mehr rechtzeitig zum Bahnhof kommen. Dazu kam, daß ihm allmählich sein Geld ausging.

Müde und ärgerlich stieg er aus dem Bus. Rief da nicht jemand seinen Namen? Das war doch kaum möglich. Aber doch … Als er in die Richtung schaute, aus der das Rufen kam, erblickte Richard einen guten Freund, der nur wenige Häuserblocks von ihm entfernt wohnte.

»Was machst du denn hier?« fragte der Freund.

»Ich versuche nach Grand Rapids zurückzukommen; aber nichts als Verspätungen, gestrichene Flüge und was dir sonst noch einfällt.«

»Kein Problem. Ich fahre gerade nach Hause. Warum kommst du nicht einfach mit?«

Später schrieb De Haan: »Geschah das alles zufällig? Gewiß nicht! Der Herr regelte jeden einzelnen Schritt auf diesem Weg. Am nächsten Tag erfuhr ich, daß der Zug, den ich unbedingt erreichen wollte, kurz hinter Chicago steckengeblieben war. Wie schäme ich mich jetzt, vorher so gemurrt zu haben. Wäre der Bus zügiger vorangekommen, hätte ich meinen Freund nicht getroffen, dafür aber weitere Unannehmlichkeiten gehabt. Gottes ›Timing‹ ist stets das beste.«[13]

Vorbestellte Plätze

John Aker bestieg eine Maschine auf dem Flughafen von Newark im US-Bundesstaat New Jersey. Das Flugzeug war zwar nahezu leer; man erteilte ihm jedoch einen Sitzplatz neben einem gewissen Richard. Dieser Mann kam gerade aus dem Krebsforschungsinstitut Sloan-Kettering, wo man ihm eröffnet hatte, er habe nur noch etwa zehn Monate zu leben. Jetzt fuhr er, aller Wahrscheinlichkeit nach, zum Sterben nach Nebraska zurück. Das war für John Aker eine optimale Gelegenheit, und er nutzte sie.

»Darf ich Ihnen erzählen, was mein Leben verändert hat?«

Richard nickte.

John beschrieb ihm den Weg zur Errettung und fragte ihn, ob er den Herrn Jesus als seinen Herrn und Heiland annehmen wollte.

»Wollen Sie Jesus Ihre Zukunft anvertrauen – mit allem, was jenseits des Grabes auf Sie wartet?«

Richard ergriff Johns Hand, und in den Wolken über Chicago übergab er sein Leben dem Herrn.

Monate waren vergangen. Wieder flog John von Newark aus westwärts. Diesmal saß er neben einer älteren Dame. Wie erstaunt war er, als er erfuhr, daß diese Frau die Mutter von Richard war. Unglaublich! Ihr Reiseziel hieß Beatrix in Nebraska. Sie war eine demütige Gläubige und berichtete hocherfreut, ihr Sohn mache gute Fortschritte im Glauben. Dieses Erlebnis war sowohl für John als auch für die Frau eine gewaltige Ermutigung. Wie wunderbar hatte es der Herr geführt, daß sie nun nebeneinander saßen!

Dann sagte Richards Mutter: »Wissen Sie, eigentlich war dies nicht mein Sitzplatz. Gerade bevor Sie kamen, bat mich eine Frau, mit ihr den Platz zu tauschen, und ich ging auf ihre Bitte ein.«[14]

Ein Flugzeug hat viele Plätze, und es gibt viele Flugzeuge; täglich finden viele Flüge statt, und das Jahr hat viele Tage; doch nicht der Computer, sondern Gott arrangiert die Plätze. Wie wunderbar ist unser Gott!

Wundersame Vorsorge zur rechten Zeit

Eine europäische Arzneimittelfirma bot Dr. Bob Watt in Nyankunde (Zaire) an, ihm 5000 Beutel mit Infusionslösungen zu schicken. Sie mußten verschenkt werden, weil bei der Beschriftung ein kleiner Fehler unterlaufen war, der aber keinerlei Auswirkung auf den Inhalt hatte. Zur Zeit bestand kein direkter Bedarf an diesem Mittel; doch da das Verfallsdatum noch in weiter Ferne lag, warum sollte man das Geschenk nicht annehmen?

Die Reise nach Zaire war eine Tortur. Die Ladung mußte quer durch Kenia und Uganda transportiert werden. Wegen der politischen Unruhen in Uganda wurde der Grenzübergang nach Zaire gesperrt. Die Plastikbeutel waren gerade noch durchgeschlüpft. Trotzdem dauerte es fast ein ganzes Jahr, bis die Infusionen ihren Bestimmungsort erreicht hatten.

Gerade zu dieser Zeit brach im Umland von Nyankunde eine Choleraepidemie aus. Hunderte von Patienten wurden mit aku-

ter Dehydration (innerer Austrocknung) ins Hospital eingeliefert. In dieser Zeit nun, als nichts importiert werden konnte und auch die Herstellung dieses Mittels im eigenen Land unmöglich war, hatte der Herr 5 000 Infusionen bereitgestellt – gerade so viel, wie die Ärzte benötigten.

Im Rückblick auf dieses Ereignis meinte Dr. Watt: »Wir gingen sehr überlegt mit den kostbaren Infusionen um; doch es ging uns wie mit dem Ölkrug der Witwe: Solange wir die Infusionen brauchten, hatten wir genügend davon, und als wir die Epidemie schließlich unter Kontrolle hatten, waren die Beutel aufgebraucht.«

Warum änderte der Kapitän seinen Kurs?

Die berüchtigte See um Kap Horn war von einem heftigen Sturm aufgepeitscht, als der Kapitän sein Walfangschiff in den steifen Südwind steuerte. Er machte nur wenig Fahrt, und keine Wale waren in Sicht.

Da kam ihm der Gedanke: Warum gegen den Wind? Warum nicht mit ihm? Womöglich gab es weiter nördlich ebensoviele Wale wie hier im Süden. Und warum sollten die Wellen dem Schiff unnötig zusetzen?

Er wendete, und dann ging es nordwärts.

Nach einer Stunde rief der Ausguck: »Boote voraus!« Tatsächlich, da trieben Rettungsboote mit vierzehn Personen an Bord! Die einzigen Überlebenden eines Schiffes, das in Brand geraten war. Schon zehn Tage trieben sie hilflos auf dem Meer und hatten zu Gott um Rettung geschrien.

Später sagte der Kapitän: »Ich bin Christ, und ich beginne jeden Tag mit der Bitte an Gott, Er möge mich gebrauchen, um jemandem zu helfen. Ich bin überzeugt, daß Gott mir den Gedanken an die Kursänderung eingegeben hat, damit ich die vierzehn Menschenleben retten konnte.«[15]

Zu nahe für Bequemlichkeit

Fred Stanley Arnot und sein Begleiter Setobe reisten durch Zentralafrika. Verschiedene Umstände hatten sie gezwungen, Hunderte von Kilometern von ihrem eigentlichen Weg abzuweichen. Die Versuchung, auf diese Umstände zu schimpfen, war enorm; aber dann erinnerte sich Arnot, daß er dem Einen untergeben war, dem alles zu Gebote steht – dem Gott, der alles nach Seiner Vorsehung lenkt.

Am vierten Tag ihrer Safari schafften sie 24 Kilometer, dann legten sie an einem aus riesigen Bäumen bestehenden Gehölz eine Rast ein, nahe an einem klaren Gewässer. Sie hatten einen schönen Tag hinter sich; aber beide waren müde. Gewöhnlich entfachte Setobe ein Feuer zur Abschreckung der Schakale und Hyänen; und normalerweise pflegte Arnot aufzuwachen, wenn die nächtlichen Geräusche des Urwaldes allmählich laut wurden. Diesen Abend jedoch fielen sie beide in einen tiefen Schlaf, und keiner war sich auch nur im geringsten der Gefahr bewußt, die ganz dicht neben ihrem Zeltplatz auf sie lauerte.

Zuerst wachte Setobe auf. Gerade wurde das erste Morgenlicht sichtbar. Er öffnete die Augen und hörte ein tiefes Knurren, das unmittelbar neben ihm aus der Erde zu kommen schien. Er lauschte. Wieder dieses wilde und erschreckende Knurren, das ihm eiskalte Schauer über den Rücken trieb. Jetzt war er wach genug, um auch den ätzenden Geruch von Tierurin wahrzuneh-

men. Der erfahrene Wildnisführer wußte sofort, daß sich da ein Löwe befand – nur wenige Meter von ihrem Schlafplatz entfernt, wo der Missionar immer noch schlief.

Geräuschlos kroch er über den schlafenden Mann – den Speer in der Hand. Er rüttelte Arnot wach und hielt ihm gleichzeitig den Mund zu, als Warnung, keinen Laut von sich zu geben.

Beide standen auf und sahen sich um. Plötzlich wurden sie durch ein ohrenbetäubendes Gebrüll dicht neben ihnen erschreckt. Sie konnten kaum ihren Augen und Ohren trauen; denn das Brüllen kam aus einem Erdloch, das nur ungefähr vier Meter von Arnots Nachtlager entfernt war. Gestern abend war noch alles ruhig gewesen, doch was war das nun? Als Arnot so vorsichtig wie möglich Setobe bis an den Rand der Grube gefolgt war, begriff er, daß sie ihr Lager direkt am Rand einer Fallgrube aufgeschlagen hatten und während der Nacht ahnungslos als Köder fungiert hatten.

Ursprünglich war das Loch mit Zweigen, Blättern und Gras abgedeckt. Doch nun, am Rand der Grube liegend, sahen sie gut drei Meter unter sich einen ausgewachsenen männlichen Löwen. Es war ein stattliches Exemplar, und sobald sie auf ihn niedersahen, begann er zu knurren und zu brüllen. Dann bemerkten sie, daß er sich nicht aus seiner kauernden Stellung aufrichten konnte, weil beim Absturz eines seiner Hinterbeine gebrochen war. Setobe wies Arnot an, ein Stück zurückzukriechen, zielte voll konzentriert und jagte den Speer mit aller Kraft in Richtung auf das Herz des Tieres. Der Löwe stieß ein furchtbares, markerschütterndes Gebrüll aus und warf seinen Körper immer wieder gegen die Grubenwand. Die Wucht der Bewegungen wurde allmählich schwächer, und nach einigen Minuten hörte man, daß das Tier in Todeskämpfen röchelte. Setobe lag flach auf dem Boden und lehnte sich weit über den Rand, um den Schaft des Speeres zu erhaschen. Als ihm das gelungen war, riß er die Waffe aus dem Körper des Löwen und – immer noch liegend – versetzte er ihm den Gnadenstoß. Mit einem leisen Klageton machte der Löwe noch eine letzte Angriffsbewegung mit einer seiner Vorderpfoten, dann brach er tot zusammen.[16]

Buschmänner als Lebensretter

Fred Arnots Leben war in der Tat eine endlose Kette von Beweisen für die Treue des Herrn und für Sein vorsorgendes Handeln.

Auf einer anderen Safari durchquerte Arnot mit seinem Begleiter Tinka und einer Reihe anderer Eingeborener eine Wüste. Sie hatten nur noch wenig Wasser, und Tinka meinte, die noch vor ihnen liegenden Wasserstellen seien wahrscheinlich ausgetrocknet, weil selbst die ansonsten so ergiebige Oase von Bukele fast wasserlos war.

Noch vor Tagesanbruch brachen sie das Lager ab, um die Morgenkühle möglichst auszunutzen. Aber bereits am Mittag waren sie restlos erschöpft. Die Ochsen waren kurz vorm Umfallen und ließen ihre Zungen lose aus dem Maul hängen. Die Männer beschlossen, sie von ihrer Last loszubinden und zum nächsten Wasserloch in 12 Kilometer Entfernung zu treiben. In dieser Hitze konnten die Tiere die Wagen nicht mehr ziehen.

In den Fässern fanden sich nur noch wenige Tropfen Wasser, und diese wurden unter Tinkas persönlicher Aufsicht unter den Männern verteilt. Tinka ging vorn an der Spitze des Trupps, dann Arnot, dann die Reihe der fast verdursteten Eingeborenen. Die Hitze war unerträglich. Selbst die wenigen Windstöße glichen nur einem glühenden Atem. Jeder Schritt erforderte ungeheure Anstrengungen. Die Füße der Eingeborenen brannten, und obwohl Arnot Stiefel hatte, war ihm, als liefe er über glühendes Metall.

Bald hörte Arnot die Männer murren; als er das jedoch Tinka mitteilen wollte, kam kein einziger Laut aus seinem trockenen Mund. Seine Zunge war geschwollen und seine Lippen aufgesprungen.

Arnot fiel mehrere Male auf den heißen Wüstenboden, und jedesmal half Tinka dem Missionar wieder auf die Beine, obwohl er selbst so übel dran war. Und weiter ging's. Mühselig setzten sie einen Fuß vor den anderen, schlossen die Augen vor dem gleißenden Sonnenlicht und schleppten sich halb stolpernd, halb kriechend hinter den Ochsen her.

Schließlich konnte sich Arnot auch nicht mehr aufs Beten konzentrieren. Die Worte drangen nicht mehr durch seinen umnebelten Verstand. Tinka lief wie eine Maschine. Die anderen konnten kaum noch mithalten. Die Hitze war unerträglich.

Arnot erinnert sich, daß er nur noch die schimmernde Ferne und den wolkenlosen Himmel sah, bevor er schließlich zu Boden stürzte.

Für einen Augenblick erwachte er und sah die schwarzen Körper seiner Begleiter ausgestreckt auf dem Boden. Niemand bewegte sich. Er bemerkte, wie Tinka ohne Lebenszeichen platt auf seinem Gesicht lag. Der Missionar versuchte sich aufzurichten; doch seine Füße trugen ihn nicht.

Mit letzter Kraftanstrengung robbte er sich bis zu dem Jäger hin. Ihm war, als wolle ihm der Kopf zerspringen, und die Kehle war so trocken, daß selbst das Atmen schwerfiel.

Irgendwie erreichte er den schwer atmenden Tinka. Er versuchte, auf die Knie zu kommen und gleichzeitig Tinka vom Boden anzuheben; aber es ging nicht. Er fiel nach vorne und lag völlig hilflos neben dem Eingeborenen. Wieder öffnete er die Augen und sah, daß Tinka die Lippen bewegte. Er beugte sein Gesicht noch näher heran, damit er hören konnte, was der alte Mann sagen wollte. Nach mehreren Versuchen begann Tinka zu sprechen: »Hier ist auch … kein W-Wasser … Wasser mehr, Monare.« Tapfer versuchte er, Arnot anzulächeln; aber es gelang nicht. Als der Missionar den Kopf verzweifelt sinken ließ und das Ende kommen sah, hörte er, wie Tinka murmelte: »M-M-Monare, wir … wir brauchen … brauchen jetzt … d-d-deinen Gott.«[17]

Arnot begann zu beten; doch dieses Gebet wurde durch erneute Ohnmacht abgebrochen.

Nun, Arnot? Wo ist jetzt dein Gott, Arnot?

War es Zufall, daß einige Buschmänner auf ihren Jagdstreifzügen in diese Gegend gelangt waren und einer von ihnen am Horizont eine Bewegung wahrgenommen hatte? Zuerst dachten sie, es sei eine Herde Antilopen, und so liefen sie von Hoffnung auf

Beute beflügelten Schrittes dorthin. Doch als sie näherkamen, sahen sie von Verstecken hinter Dornbüschen aus, daß es sich um Menschen handelte, die dort erschöpft in den Sand gefallen waren. Ihnen war klar: Diese Leute würden sterben; deshalb galt es, keine Zeit zu verlieren.

Vier von ihnen machten sich daran, ein trichterförmiges, drei Meter tiefes Loch in den Sand zu graben. Der Schweiß brach aus ihren erhitzten Leibern, während sie wie wild an ihrem Werk der Barmherzigkeit schufteten. Ein anderer Buschmann schnitt einige Rohre aus den Halmen des Steppengrases zurecht.

Der Anführer begab sich dann mit einem möglichst langen Halm auf den Grund des trichterförmigen Loches und bohrte ihn vorsichtig in den Boden. Nachdem er ihn mit einem zweiten Halm verlängert hatte, sog er kräftig an dessen Ende. Schließlich lächelte er zufrieden; er hatte Wasser geschmeckt. Jetzt kletterte er aus der Grube, nahm einen Schildkrötenpanzer, den ihm einer seiner Leute reichte, und kletterte wieder hinunter. Es bedurfte noch einiger Minuten harter Anstrengung; doch schließlich hatte er Erfolg. Das Wasser stieg von dem Rohr in den Mund des Buschmanns, und von dort ging es in den Schildkrötenpanzer.

Nach zehn Minuten war das Gefäß mit schlammig-schäumendem Wasser gefüllt. Vorsichtig stieg er aus der Grube, ging zu Arnot und setzte den Panzer an dessen Lippen. Als dieser zunächst nicht reagierte, meinten die anderen, es sei schon zu spät. Aber nach einer Weile öffnete Arnot die Lippen und begann gierig zu trinken. Als der Panzer leer war, kehrte der Anführer zu seiner Aufgabe in der Grube zurück. Diesen Vorgang wiederholte er sechs Stunden lang in der glühenden Hitze, bis alle Männer wieder zu sich gekommen waren.

Die ganze Zeit über hatte der Buschmann ohne jede Pause gearbeitet und war nun am Ende seiner Kräfte. Jetzt herrschte Dunkelheit, und Arnots gesamte Truppe war gerettet worden. Der Missionar, Tinka und die anderen Reisebegleiter schliefen fest. Zum ersten Mal wurde sich der Anführer bewußt, daß er selbst nichts getrunken hatte; aber er war zu müde, als daß er noch zur Grube und dem dortigen Trinkhalmen hätte gehen können. Im Gedanken an den fassungslosen, dankbaren Blick des

weißen Mannes und seiner Begleiter fiel er lächelnd in tiefen Schlaf. Kurz vor Morgengrauen erhoben sich die Buschmänner lautlos von ihrer Nachtruhe, sammelten ihre Habseligkeiten ein und machten sich, nachdem sie zufrieden nach dem weißen Mann und seinen Begleitern gesehen hatten, auf ihren Weg. Kurz darauf verfolgten sie bereits wieder eine verirrte Giraffe.

Irgendwann erwachten Arnot, Tinka und die Übrigen. Als sie sich an den vorigen Tag erinnerten, wunderten sie sich, daß sie noch am Leben waren. Tinka stand neben dem Missionar und sagte: »Monare, ich glaube jetzt auch an deinen Gott. Niemand anders als Er kann uns gerettet haben. Ich glaube ... und werde immer an Ihn glauben.«

Arnot sah den Jäger nicht an. Seine Augen blickten über die Gruppe von Männern um ihn herum, hinaus zu dem trockenen Tümpel und dem kegelförmigen Loch mit dem Sandhaufen rundherum. In der Nähe lagen mehrere Halme und ein umgestülpter Schildkrötenpanzer. Ohne seine Augen von dem Schauplatz abzuwenden, antwortete Arnot: »Ja, Tinka, es kann kein Zweifel daran bestehen, daß es das Werk Gottes war.«

Später fanden sie auch ihr Tiere wieder, die selber auf Trinkwasser gestoßen waren, und als sie ihren Planwagen geholt hatten, erreichten sie nach drei Tagen den Botletle-Fluß – Wasser in Hülle und Fülle.[18]

Die genaue Summe

Arnold Clarke, ein Missionar im chinesischen Hinterland, war nach dem Zweiten Weltkrieg von den Kommunisten verhaftet worden. Nach seiner Freilassung fürchtete er sich, weiterhin in China seinen Dienst zu tun, und so ging er nach Thailand. Mitte der 50er Jahre ließ sich sein VW-Bulli anmerken, daß er bald ausgedient hatte, und Arnold begann, sich nach einem Auto des gleichen Typs umzusehen. Als er in seinen Gebeten den Herrn um das nötige Geld dafür bat, fügte er die Bedingung zu, der Herr möge ihm genau die richtige Summe zukommen lassen, damit er wissen könne, daß es das vom Herrn bestimmte Fahrzeug sei. Immerhin ist der Kauf eines Gebrauchtwagens mit Risiken verbunden.

Es dauerte nicht lange, und er erhielt von einer Gemeinde im Nordosten der Vereinigten Staaten einen Scheck über 3000 Dollar. In dem beigefügten Brief stand, die Gläubigen hätten sich über seinen Besuch während des Urlaubs gefreut. Nun hatten sie ein Stück Land verkauft und wollten den Erlös mit ihm teilen. Der allerletzte Satz lautete: »Vielleicht brauchen Sie ein Auto und können dieses Geld zum Kauf verwenden.«

So fuhr er in die Stadt, um sich nach einem VW-Bulli umzusehen. Tatsächlich hatte der Händler genau das Modell, das Arnold bisher besaß und nun ersetzen wollte. Der Preis betrug in US-Währung 3256,48 Dollar. Er sagte dem Händler: »Alles, was ich habe, sind 3000 Dollar.«

»Nun, vielleicht können Sie sich den Rest leihen?« fragte der Händler.

»Nein, das kann ich nicht machen.« Und er erklärte ihm, daß er den Herrn um die exakte Summe gebeten hätte.

Der Händler blieb unbeeindruckt und sagte: »Ich würde Ihnen das Auto gern verkaufen; aber es gibt noch andere Interessenten. Ich will Ihnen was sagen: Eine Woche gebe ich Ihnen Zeit; dann können Sie sehen, ob Sie das Geld zusammenbekommen.«

Am Ende der Woche rief der Händler an: »Haben Sie das Geld?«

Arnold erklärte, er habe 254 Dollar erhalten. Es fehlten ihm noch 2,48 Dollar.

Kein Problem! Der Händler meinte, die 2,48 Dollar könne er vergessen.

»Nein, das geht nicht«, erklärte Arnold, »ich habe den Herrn ausdrücklich um die genaue Summe gebeten.«

Seine Frau hörte das Gespräch mit. Sie sagte: »Arnold, ich gebe dir die 2,48 Dollar.«

Aber er blieb unerbittlich. »Nein, das kann ich nicht machen!«

Der Händler war nahe daran, die Geduld zu verlieren, und sagte: »Ich gebe Ihnen noch drei Tage. Haben Sie das Geld dann immer noch nicht, werde ich den Wagen an andere verkaufen; die warten schon drauf.«

Drei Tage später erhielt Arnold einen großen braunen Umschlag aus Manilapapier. Er kam von einem neunjährigen Mädchen aus New Jersey. Sie schrieb, sie habe Mr. Clarke in der Gemeinde predigen gehört, und der Herr habe ihr aufs Herz gelegt, dem Missionar ihre Ersparnisse zu schicken. Die auf einen Karton geklebten Münzen ergaben zusammen genau 2,48 Dollar. So kaufte er den VW-Bulli – mit der Gewißheit, daß es Gottes Willen entspricht.

Warum müssen wir diese Geschichte eigentlich für so bemerkenswert halten? Hat Gott nicht verheißen, uns zu leiten, wenn wir unseren Weg in Gemeinschaft mit Ihm gehen?

Interessant ist allerdings, daß der Umschlag drei Monate unterwegs war, bevor Mr. Clarke ihn erhielt. Das bedeutet: Er war zwei Monate eher zur Post gebracht worden, als Arnold Clarke für das Auto zu beten angefangen hatte. Unser Herr sagt: »Ehe sie rufen, werde ich antworten« (Jesaja 65,24).

Spezial-Sonderauslieferung

Wir haben nun viele Beispiele für Gottes Vorsehung und Vorsorge betrachtet, damals und heute, in der Nähe und in der Ferne, im Großen wie im Kleinen. Da möchte ich gern noch einen weiteren Fall anfügen, der zwar nicht spektakulär ist, mich aber doch sehr ermutigt hat. Ich erlebte ihn neulich in meinem schriftlichen Dienst.

Am Mittwoch, dem 15. September 1993, erhielt ich ein Fax, mit dem ich gebeten wurde, drei Exemplare des *Kommentar zum*

Neuen Testament per Kurier nach Nowosibirsk in Sibirien zu schicken. Sie waren für potentielle Übersetzer bestimmt. Ich wußte nicht, wie das zu bewerkstelligen war. Dann erinnerte ich mich meines Freundes Dave Johnson, der am nächsten Abend nach Moskau fliegen wollte. Als ich ihn mein Anliegen telefonisch mitteilte, befürchtete er, das Höchstgewicht seines Gepäcks sei bereits erreicht – aber versuchen könnte man es ja. Am Donnerstag abend stopften wir auf dem Flughafen von San Francisco mit größter Mühe drei Exemplare in seinen Koffer (jedes Buch hat 1200 Seiten!). Er konnte ihn kaum noch verschließen. Dank der Güte Gottes sagte der Kontrolleur nichts vom Übergewicht. Am Freitag waren die Bücher in Moskau. So etwas nennt man *Russische Spezialauslieferung.*

Jetzt erhob sich das Problem, wie man die Bücher über 3000 Kilometer weiter nach Sibirien schafft. Dave und Jeff Rittener brachten in Erfahrung, daß ein DHL-Kurier in Rußland arbeitete; deshalb gingen sie zum Bahnhof, um dessen Telefonnummer herauszubekommen. Gerade in dem Moment, als sie das Unterfangen als zwecklos aufgeben wollten, sahen sie auf der Straße einen DHL-Lastwagen. Dave stürzte hin und fragte den Fahrer, wie er die Bücher nach Nowosibirsk schaffen könne. Der Fahrer antwortete: »Die brauchst du nur mir zu geben.« Schnell schrieb er die Order aus und versprach, die Bücher in zwei Tagen auszuliefern.

Die Speisekammer war leer – aber nicht lange

Die Familie Van Ryn wohnte damals in Florida, während der Vater August in Michigan auf Predigtreise war. Er dachte, er habe einen Scheck für Haushaltsgeld an seine Frau nach Hause geschickt; tatsächlich aber hatte er den Brief in der Manteltasche steckenlassen und dann eine andere Jacke angezogen.

Währenddessen ging der Familie das Geld aus. Mrs. Van Ryn hatte gerade noch genug fürs Frühstück für die Kinder, aber zum Mittagessen reichte es nicht mehr. Da sie ihren Mann telefonisch nicht erreichen konnte, machte sie dasselbe wie immer in solchen Situationen: Sie betete für die täglichen Bedürfnisse.

Die Post kam, doch es war nichts dabei, was ihr geholfen hätte. So betete sie weiter – und immer dringlicher. Gegen elf Uhr klopfte es an der Tür. Herein kam der Auslieferer des örtlichen Supermarktes und stellte vier große Tüten auf den Küchentisch.

»Was hat das zu bedeuten?« fragte sie. »Ich habe keine Lebensmittel bestellt.« Daß sie kein Geld hatte, sagte sie nicht.

»Tut mir leid, aber alles was ich weiß, ist, daß ein Mann zu uns kam und diese Sachen kaufte. Sie sind alle bezahlt.«

»Wer war der Mann?«

»Keine Ahnung. Ich habe ihn nie zuvor gesehen.«

Nachdem sie ihren Kindern Mittagessen gekocht hatte, lief sie eiligen Schrittes zum Supermarkt. Sicherlich würde der Inhaber Bescheid wissen. Er kannte alle Leute in der Nachbarschaft und auch in der örtlichen Gemeinde. Doch als sie ihn fragte, versicherte er ihr, der Mann sei ihm völlig unbekannt. Er konnte ihn nicht einmal beschreiben.

So wußte Mrs. Van Ryn zwar nicht, wer ihr die Sachen bezahlt hatte; sie wußte aber wohl, wer ihr die Sachen hatte zukommen lassen. Der Herr hatte sie geschickt. Als sie alles auspackte, war sie erstaunt. Jedes einzelne Teil hätte sie auch bestellt – die gleichen Sachen, die gleichen Mengen und die gleiche Zusammenstellung. Wie kommt irgendein Fremder auf die Idee, dich mit genau dem zu versorgen, was man gewöhnlich selber einkauft – dasselbe Müsli, denselben Käse, ob Bohnen, Pfirsiche, Mehl oder Butter – alles exakt identisch?

Wundertomaten

Man weiß, daß schwangere Frauen manchmal Appetit auf ganz verrückte Dinge bekommen – etwa Eiskrem mit sauren Gurken. Es ist, als sende ihr Körper Notsignale nach Nährstoffen aus, die ihnen in ihrer augenblicklichen Lebenssituation fehlen. Das gilt aber nicht nur für Schwangere. Die Frau von Alexander Clarke war in Afrika schwer erkrankt. Sie hatte hohes Fieber, und keine Arznei wollte anschlagen. Tagelang würde es dauern, bis ein Arzt kommen könnte. Sie war völlig geschwächt, und immer wieder bat sie um Tomaten. Dieser Wunsch schien unerfüllbar, denn weder John noch seine Frau hatten in diesem Teil Afrikas jemals Tomaten gesehen.

Als sich ihr Zustand weiter verschlechterte, beteten die Christen, der Herr möge sie am Leben erhalten. Und immer wieder flüsterte sie: »Wenn ich nur einige reife Tomaten hätte!«

Eines Tages, als Mr. Clarke am Bett seiner Frau saß und ihre Hände hielt, kam ein Diener herein und meldete, draußen sei jemand, der ihn sprechen wolle. Er ärgerte sich über die Störung, ging aber dennoch zur Tür. Dort stand eine einheimische Frau und trug einen Korb mit drei Tomaten. Sie wollte nur wissen, ob man diese Dinger essen konnte. Dazu erklärte sie, ein weißer Mann habe ihr vor einigen Monaten die Samen geschenkt. Nun waren die Früchte reif; aber niemand wußte, ob sie bedenkenlos genießbar waren. Sie habe nur drei Exemplare zum Vorzeigen mitgebracht, die er aber behalten könne.

Tatsächlich führten diese Tomaten eine Wende im Befinden von Mrs. Clarke herbei. Später kam dann noch der Arzt mit der richtigen Medizin.

Welch einen wunderbaren Gott haben wir, dem es der Mühe wert erscheint, für eines Seiner Kinder drei Wundertomaten zu erschaffen!

Dem Autoren begegnet

Eine Christin hatte ein ganz besonderes Missionsfeld – der Flughafen Heathrow in London. Jeden Tag ging sie dorthin und bezeugte den Reisenden die rettende Gnade unseres Herrn Jesus Christus. Auf diese Weise konnte sie Menschen aus aller Herren Länder erreichen, ohne England zu verlassen. Das war ihre Vision, die ihr immer wieder Kraft zum Weitermachen gab.

Eines Tages saß sie in der Wartehalle neben einer Stewardeß und begann ein Gespräch mit ihr. Es dauerte nicht lange, und die Christin hatte die Unterhaltung freundlich auf ein geistliches Thema gelenkt. Die Stewardeß schien sich zu interessieren. Es war tatsächlich, als sei sie vom Heiligen Geist auf diesen besonderen Augenblick vorbereitet worden. Nachdem sie das unverfälschte Evangelium gehört hatte, beugte sie den Kopf und nahm den Herrn Jesus als Herrn ihres Lebens an.

Nun hatte unsere Heimatmissionarin gerade noch Zeit, ihr einige der Schlüsselanliegen des christlichen Glaubens ans Herz zu legen: die Wichtigkeit des Wortes Gottes, des Gebetes und der Gemeinschaft mit anderen Christen in einer lebendigen Gemeinde. Dann blickte die Stewardeß auf ihre Uhr und sagte: »Schade, aber ich muß jetzt gehen. Mein nächster Flug startet in einer halben Stunde.«

Die Von-Frau-zu-Frau-Evangelistin griff schnell in ihre Literaturtasche und holte ein Buch von Francis Schaeffer heraus. Sie überreichte es ihr und sagte dabei: »Bitte lesen Sie das, wenn Sie während des Fluges ein wenig freie Zeit haben.«

Stunden später hatte die Stewardeß Gelegenheit, sich auf einen der leeren Sitze niederzulassen. Sie begann zu lesen. Nach wenigen Augenblicken merkte sie, daß ein Mitreisender ihr über die Schulter sah. Er betrachtete das Buch. Dann fragte er: »Verstehen Sie auch, was Sie lesen?«

»Naja, ich bin erst seit ganz kurzer Zeit gläubig, und ich muß schon sagen, daß ich einige Schwierigkeiten damit habe.«

»Ich verstehe. Darf ich mich neben Sie setzen und Ihnen helfen? Mein Name ist Francis Schaeffer.«

Man bedenke nur, wie Gott alles vorausgeplant hat! Da bestellt Er einen altgedienten Bibellehrer, daß er einer Jungbekehrten begegnet, um ihr sein eigenes Buch zu erklären und ihr auf dem Weg des Glaubens voranzuhelfen.

Zusammenfassung

Die Geschichte ist endlos. In jedem Augenblick eines jeden Tages ordnet unser wunderbarer Herr alles genau so an, wie Er es nach Seinem Willen für gut befunden hat. Er bedient sich dabei auch des Zornes der Menschen. Er erlaubt dem Satan und seinen Abgesandten ein gewisses Maß an Macht; dann aber triumphiert Er über all ihre Bosheit. Was sie Niederträchtiges beabsichtigten, läßt Er Seinen Kindern zu unerwartetem Segen ausschlagen. Niemand kann sich Ihm auf Dauer erfolgreich widersetzen. Frederic Faber drückt dieses sehr schön aus:

Der Schaden, den Gott segnet,
Muß uns zum Nutzen sein;
Doch was der Herr nicht segnet,
Bringt uns nur Schaden ein.
Und alles wird ganz richtig,
Auch wenn man's nicht versteht.
Wenn's nur nach Seinem Vorsatz
und Willen mit uns geht.

Manchmal zeigt sich Seine Vorsehung in wundersamen Rettungstaten, manchmal in Gefängnis, Krankheit und Tod. Jakobus wurde durch Herodes getötet, während Petrus dem Kerker auf atemberaubende Weise entkam. Es gibt Zeiten, in denen wir die Hand Gottes in den sich überschlagenden Lebensumständen nicht erkennen können; aber auch dann dürfen wir doch stets Seinem Herzen vertrauen. Er läßt denen, die Ihn lieben, alles zum Besten ausschlagen. Eines Tages werden wir es deutlicher erkennen, und dann werden wir ausrufen: »Mein Jesus hat alles gutgemacht!« Bis dahin singen wir:

Aus Gnad' und strengem Walten
Wob Er mir meine Zeit,
Und hat mit Liebesblicken
Versüßt manch bitt'res Leid.
Verherrlicht werd' ich preisen
Die Hand, die alles lenkt,
Das Herz, das alles plante,
Mich ewig reich beschenkt.

Zum Schluß wollen wir hören, was der bekannte englische Prediger Charles H. Spurgeon über die göttliche Vorsehung zu sagen hatte:

»Gottes Vorsehung ist bewundernswert. Sie übersteigt unser Denken. Die Vorstellung überwältigt mich: Gott wirkt in allem, was geschieht! Die Sünde der Menschen, die Bosheit unseres Geschlechts, die Verbrechen der Völker, die Ungerechtigkeit der Könige, die Schrecken des Krieges, die furchtbare Geißel der Pest – alles dies vollbringt auf eine geheimnisvolle Weise der Willen Gottes. Ich kann es nicht erklären … ich kann es nicht verstehen. Ich glaube, daß kein Staubkörnchen, das im Sonnenstrahl tanzt, sich auch nur um eines Atomes Breite mehr oder weniger bewegt, als Gott es will – daß jedes Wassertröpfchen, das gegen die Bootswand spritzt, genauso seine vorgeschriebene Bahn zieht, wie die Sonne am Himmel die ihre – daß die Kriechspur einer Raupe über die Rosenknospe genauso festgelegt ist wie der Verlauf einer verheerenden Seuche, und daß der Fall eines welken Pappelblattes genauso vollkommen vorherbestimmt ist wie der Sturz einer Lawine. Wer an Gott glaubt, muß diese Wahrheit glauben. Es gibt keinen Standpunkt zwischen diesem Glauben und dem Atheismus. Es gibt keinen Mittelweg zwischen dem allmächtigen Gott, der alles nach dem Wohlgefallen Seines Willens fügt, und überhaupt keinem Gott. Ein Gott, der nicht alles tun kann, was ihm gefällt – der Seinen Willen nicht durchzusetzen vermag, ist kein Gott und kann kein Gott sein. An einen solchen Gott könnte ich nicht glauben.«[19]

Ein anderer Engländer, der Zeiten schwerer Leiden erfahren hat, drückt die Wertschätzung der göttlichen Vorsehung in dem wohlbekannten und oft gesungenen Lied aus:

Gott läßt oftmals geheimnisvoll
Sein Wunderwerk gescheh'n.
Sein Weg durch tiefes Wasser geht
Und auf des Sturmwinds Weh'n.

Nur Mut, verzagte Heilige,
Die Wolke, die euch droht,
Ergießt den reichsten Segen bald
Auf euch herab von Gott.

Trau Gottes Gnad'! Dein schwaches Herz
Mach doch zum Richter nicht!
Sieh hinter düsterem Gewölk
Sein freundlich Angesicht!

Was Er will, das geschieht gewiß,
Du wirst es bald schon seh'n.
Die Knospe mag wohl bitter sein,
Die Frucht ist süß und schön.

Der blinde Unglaub' irrt gar sehr;
Gott ist zu wunderbar.
Er legt sich dereinst selber aus,
Macht alles licht und klar.

William Cowper

Kommt her
und seht an die Werke Gottes:
Der so wunderbar ist in seinem Tun
an den Menschenkindern.
Psalm 66,5

Die Wunder Gottes in der Erlösung

Wie Gottes natürliche Schöpfung von Wundern in Hülle und Fülle prangt, gilt Gleiches auch für Seine neue Schöpfung. Die Ewigkeit wird nötig sein, um das staunenswerte Werk des Heiligen Geistes zu offenbaren, wie Er Männer und Frauen, Jungen und Mädchen überführte und bekehrte und sie dadurch zu *neuen Kreaturen in Christus Jesus* machte.

J. H. Jowett glaubt, daß die Wunder der geistlichen Schöpfung größer sind als in der Natur. Er schreibt überzeugend:

»Die größten Wunder geschehen nicht im Bereich der Natur, sondern in dem der Gnade. Eine wiedergeborene Seele ist staunenswerter als das Frühlingserwachen. Ein umgestaltetes Gesicht ist ein tieferes Geheimnis als ein lichtdurchfluteter Garten. Gnadengaben in einem Leben wahrzunehmen, das zuvor von der Sünde versengt und ausgedörrt war, ist wundersamer als eine blühende Pflanze auf einem Schlackehaufen. Wenn wir die wirklich unübertrefflichen Wunder erblicken wollen, so müssen wir eine Seele betrachten, die wiedergeboren ist und nun in lebendiger Verbindung mit dem lebendigen Christus steht. Selbst die Engel beobachten dieses Geschehen mit immer tieferem Staunen und beten Gott dafür an.«[1]

Die Verschiedenheit der Bekehrungserlebnisse ist schon an

sich ein Wunder. Einerseits sind alle auf die gleiche Weise errettet worden: aus Gnade durch den Glauben an den Herrn Jesus und Sein vollbrachtes Werk von Golgatha. Das ist zu aller Zeit und für jeden Menschen der Weg des Heils. Und doch sind die Schritte, die zu diesem definitiven Akt des Glaubens führen, so unterschiedlich wie die jeweils einzigartigen Muster der Schneeflocken.

Einige wurden als Erwachsene, andere als Kinder gläubig. Einige sind aus der Gosse errettet, andere aus einer Kathedrale. Das Sündenbewußtsein überfällt den einen wie ein brüllender Löwe, andere wieder wie ein nagender Schmerz. Einige kommen zu Christus, wenn sie zum ersten Mal das Evangelium hören, andere erst, nachdem sie jahrelang vor dem Herrn Jesus auf der Flucht waren.

Wenn wir im Himmel sind, werden wir erkennen, daß hinter wirklich jeder Bekehrung ein Beter gestanden hat. Vielleicht war es damals die Großmutter, die nun schon viele Jahre beim Herrn ist; oder es ist die Mutter, die immer noch auf den Knien liegt, um für den verlorenen Sohn zu flehen.

Als Jesus auf der Erde war, kamen die meisten, denen Er half, aufgrund einer persönlichen Notlage zu ihm, wie zum Beispiel Krankheit, Blindheit, Tod eines lieben Angehörigen, dämonische Besessenheit usw. Das hat sich nicht geändert. Es sind immer noch unsere Nöte, die uns in die Arme des Retters treiben.

Nun folgen hier einige dramatische Bekehrungsberichte, die uns die faszinierende Vielfalt der Wirksamkeit des Heiligen Geistes vor Augen führen, und uns zeigen, wie Er Herzen überzeugt und zum Herrn bringt.

Ein Hippie wird »happy«

Ein Hippie verkroch sich in einer Höhle in Palm Springs. Er wollte am liebsten sterben. Ein junger Mann in einem alten Körper. Drogen, Alkohol und Sex hatten ihn ausgebrannt. Das Leben war für ihn nicht mehr lebenswert. Es lohnte nicht mehr weiterzumachen. In seiner Verzweiflung betete er: »O Gott, gib Dich mir zu erkennen, oder ich mache Schluß!« Keine zehn Minuten waren vergangen, als ein junger Christ und Zeuge Jesu vor dem Höhleneingang stehen blieb. Er blickte hinein, sah das menschliche Wrack und sagte: »Du, was hältst du davon, wenn ich mit dir über Jesus spreche?«

Wie die Geschichte weiterging, darfst du raten. Der Hippie bekehrte sich auf phantastische Weise und verließ die Höhle als Diener seines Retters. Aus dem jungen Mann in dem alten Körper wurde eine neue Schöpfung in Christus Jesus.

Niemand hat jemals Gott ernstlich gebeten, Er möge sich zu erkennen geben, ohne daß Er positiv darauf geantwortet hätte. Der Herr Jesus hat versprochen: »Wenn jemand seinen Willen tun will, so wird er … wissen …« (Joh. 7,17).

Ein Sikh, der suchte und fand

Sundar Singh war von Geburt ein Sikh[2] aus dem Punjab. Seine Mutter war eine gottergebene Frau; aber sein Vater wollte, daß sein Sohn es im weltlichen Bereich zu etwas brächte. Religion interessierte ihn nicht sonderlich.

Die staatliche Schule war zu weit entfernt; so besuchte Sundar die christliche Schule.

Sein Leben geriet aus den Fugen, als er knapp vierzehn Jahre alt war und seine Mutter starb. Aus einem ordentlichen Schüler wurde ein Disziplinarfall. Er störte den Unterricht, wollte nichts mehr mit der Bibel zu tun haben und verursachte Schwierigkeiten, wo immer er konnte. Schließlich wechselte er auf die staatliche Schule.

Er wurde zum Anführer einer Bande, die sich zum Ziel gesetzt hatte, die christliche Schule zu zerstören und die Lehrer zu vertreiben. Er bewarf Straßenprediger mit Steinen und schleuderte während der Gottesdienste Mist in den Gemeinderaum. Selbst sein Vater war über die Veränderung im Leben seines Sohnes schockiert.

Niedergeworfen durch Malaria und von Depressionen gequält, bat Sundar darum, wieder in die christliche Schule aufgenommen zu werden. Er war nun angepaßter, kämpfte aber immer noch gegen Gott an. Mit einigen Kameraden besorgte er sich ein Neues Testament, nahm es mit nach Hause und verbrannte es dort. Sein Vater tadelte ihn: »Bist du von Sinnen, das Christenbuch zu verbrennen? Es ist ein gutes Buch – wenigstens sagte das deine Mutter.«

Irgendwann war er jedoch mit seinem Latein am Ende. Er konnte keinen Frieden finden und wollte sich umbringen. Nachdem er sich für drei Tage und drei Nächte eingeschlossen hatte, betete er: »O Gott, wenn es Dich gibt, dann gib Dich mir heute abend zu erkennen!« Falls er nicht innerhalb von sieben Stunden eine Antwort erhielt, wollte er seinen Kopf vor dem nächsten Zug nach Lahore auf die Gleise legen.

Noch vor der Abenddämmerung lief er in das Zimmer seines Vaters und sagte: »Ich habe Jesus gesehen.« Der Vater sagte ihm, das sei nur ein Traum gewesen, doch er blieb dabei: »Nein, Jesus kam in mein Zimmer und sagte auf Hindustani: ›Wie lange willst du Mich noch verfolgen? Ich bin gekommen, dich zu erretten. Du hast darum gebeten, den richtigen Weg zu finden. Warum gehst du ihn nicht? *Ich* bin der Weg‹.«

Dann sagte er: »Ich bin jetzt ein Christ. Ich kann niemandem mehr dienen, als allein Jesus.«

Sein Vater erinnerte ihn daran, daß er erst vor drei Tagen das Christenbuch verbrannt hatte. Sundar erstarrte. Er blickte auf seine Hände. »Diese Hände haben das getan. Nie, bis zum Tode, kann ich sie von dieser Sünde reinigen; doch bis jener Tag kommt, gehört mein Leben Ihm.«

Damals wußte er noch nicht, daß seine Hände in dem Augenblick von der Sünde rein waren, als er dem Heiland vertraute. Gott würde nie wieder daran gedenken.

Wie Bibelkritiker gewonnen wurden

Auf die eine oder andere Art ist jeder durch das in der Bibel offenbarte Wort gerettet worden. Wir sind »nicht wiedergeboren ... aus verweslichem Samen, sondern aus unverweslichem, durch das lebendige und bleibende Wort Gottes« (1. Petrus 1,23). Gäbe es die Bibel nicht, wüßten wir überhaupt nichts über den Weg zum Heil. Sei das Wort nun geschrieben oder gesprochen, sei es eine ganze Bibel oder nur ein Traktat mit der Botschaft, das Wort der Wahrheit spielt bei der Errettung immer die entscheidende Rolle (Jakobus 1,18).

Als Harry Dixon am Massachusetts Institut of Technology tätig war, hatte er einen Spötter zum Zimmergenossen. Dieser Skeptiker quälte Harry fortwährend mit vermeintlichen wissenschaftlichen Irrtümern und Widersprüchen in der Bibel. Harry versuchte ihn zu widerlegen, doch als die Diskussion wieder einmal hoch herging, sagte er schließlich: »Hör mal, du findest andauernd Fehler in der Bibel – hast du sie denn überhaupt schon gelesen?«

Der Zimmerkollege mußte verneinen.

»Nun komm mir aber nicht mehr mit Argumenten gegen die Bibel, bevor du nicht den intellektuellen Anstand bewiesen hast, wenigstens den Römerbrief von Paulus gelesen zu haben.«

Der Skeptiker nahm die Herausforderung an. Er las den Brief einmal und erhielt auf einige seiner Fragen eine Antwort; aber weit mehr neue Fragen tauchten auf. So las er den Brief nochmals, mit dem gleichen Resultat. Und noch einmal. Als er schließlich zu Harry zurückkam, war er von neuem geboren. Seine Zweifel hatten sich erledigt und Fehler und Widersprüche konnte er ebenfalls keine mehr finden.

Es gibt noch andere Beispiele für Menschen, die sich zum Ziel gesetzt hatten, den christlichen Glauben zu widerlegen, und die hinterher zu treuen Nachfolgern ihres Retters wurden. Lord Lyttleton und Gilbert West hatten sich zusammengetan, um zu beweisen, daß alles Übernatürliche in der Bibel Unsinn sei. Mit dem gewitzten Verstand eines Rechtsanwalts machte sich West an eine Beweisführung, die Auferstehung Christi sei nichts als eine Legende. Und Lyttleton setzte sich hin und schrieb ein entsprechendes Buch, das die Bekehrung des Paulus als Mythos abtun sollte.

Dazu mußten sie natürlich die Bibel gründlich lesen, was beide nach eigenem Eingeständnis noch nie getan hatten.

Je länger sie studierten, um so mehr geriet ihre Position ins Wanken; und was schließlich herauskam, waren zwei Klassiker zur Verteidigung des christlichen Glaubens. Gilbert Wests Buch heißt »Die Auferstehung Jesu Christi«, und Lord Lyttletons Werk ist mit »Die Bekehrung des Apostels Paulus« betitelt.

Etwas Ähnliches geschah bei Frank Morison. Er sprach zwar stets mit Hochachtung von Jesus Christus, war aber dennoch ungläubig. Zahllose Zweifel an den Berichten der Evangelien plagten ihn. So beschloß er, über die sieben letzten Tage im Leben Jesu zu schreiben. Dabei merkte er aber bald, daß die Tage nach Seiner Kreuzigung ebenso wichtig waren wie die Tage vorher.

Sein Buch »Wer bewegte den Stein?« ist eine Abhandlung über die Glaubwürdigkeit der Auferstehung. Das erste Kapitel, das sich auf seine ursprüngliche Absicht bezieht, trägt die Überschrift: »Das Buch, das ich nicht schreiben wollte.«

Nicht so bekannt ist die Geschichte von Lew Wallace. Als der wortgewaltige Skeptiker Robert Ingersoll ihn herausforderte, ein Buch zu verfassen, das den Irrtum des christlichen Glaubens ein für allemal beweisen würde, begann der Gouverneur von Arizona Quellenmaterial aus der ganzen Welt zusammenzutragen. Dieses Buch sollte sein Meisterstück und der krönende Abschluß seiner Arbeit werden.

Nachdem er vier Kapitel geschrieben hatte, wurde ihm klar, daß Jesus Christus tatsächlich eine wirkliche Person war. Wallace fühlte sich äußerst unwohl. Langsam begriff er, daß Jesus Christus der war, für den Er sich ausgab. Er schrieb:

»Ich fiel auf die Knie und betete zum ersten Mal in meinem Leben, und ich bat Gott, Er möge sich mir offenbaren, mir meine Sünden vergeben und mir helfen, ein Jünger Christi zu werden. Gegen Morgen wurde es in meiner Seele hell. Ich ging ins Schlafzimmer, weckte meine Frau und sagte ihr, daß ich Jesus Christus als meinen Herrn und Erlöser angenommen habe.«

»O Lew«, sagte sie, »seitdem du mir gesagt hast, daß du dieses Buch schreiben willst, habe ich für dich gebetet, du mögest Ihn beim Schreiben finden.«[3]

Wallace schrieb weiter, und sein Meisterwerk war der Roman »Ben Hur, eine Christuserzählung«.

Die Wetterfahne, die auf Christus zeigte

Manchmal finden Leute zum Herrn, die anscheinend überhaupt nicht nach Ihm gesucht haben. So erging es Peter Jenkins. Er fuhr per Anhalter quer durchs Land und war bis Mobile in Alabama gekommen. Dort lud ihn ein Freund zu einer »echt wilden Party« ein. Er war auch versucht hinzugehen, bemerkte jedoch gleichzeitig ein Plakat, das auf eine Evangelisation hinwies; die hätte er auch gern mitgemacht. Er hatte noch nie eine solche Veranstaltung besucht, die er verächtlich als »Jesustreff« bezeichnete. Doch nun schwankte seine Seele wie eine Wetterfahne und führte ihn schließlich zu der Veranstaltung mit James Robison.

Der Prediger nahm seinen Platz hinter dem Rednerpult ein und verkündete mit dröhnender Stimme das Evangelium. Der riesige, zähe Texaner, »eher ein Baseball-Spieler bei den Dallas Cowboys als ein Prediger«, machte ziemlichen Eindruck auf Peter. Wichtig war jedoch, daß die Botschaft vom Kreuz von Golgatha verkündet wurde und der Geist Gottes wirkte. Schließlich wurde die Einladung ausgesprochen: Bußfertige Sünder sollten nach vorne kommen und Jesus als Herrn und Retter annehmen.

Ungefähr 300 Leute gingen nach vorn. Peter fragte sich: »Bin ich das, der hier steht?« Ja, er war es. Als Robison die Leute vor dem Rednerpult fragte: »Wollt ihr Jesus als euren persönlichen Heiland annehmen?« bewegten sich Peters Lippen: »Ja!« Und das meinte er auch so.

Robison faßte noch einmal alles Gesagte zusammen und bat dann die Menschen, nochmals zu bestätigen, daß sie Christus angenommen hatten. Peter bekräftigte seine Entscheidung. Später schrieb er:

»Gelöst, mit klaren Augen und mit einem noch nie gekannten inneren Frieden ließ ich mich von der Menge auf die Straße hinaustreiben. Zu der ›echt wilden Party‹ bin ich gar nicht mehr hingekommen. Ich war auf einer zu echten und außergewöhnlichen

Party, als daß ich irgendeine andere hätte vermissen können. Wie die schwankende Kompaßnadel schließlich nach Norden zeigt, so hat die Wetterfahne meiner Seele jetzt die Richtung gefunden, in die sie hinfort zeigen wird. Endlich wußte ich, was die Leute meinen, wenn sie von der ›wunderbaren Gnade‹ singen.«

Von Pearl Harbor zum Paradies

Wer hätte je gedacht, daß jener japanische Pilot, der 1941 den Angriff auf Pearl Harbor leitete, gläubig würde? Oder wer außer Gott hätte sich jemals die Schritte ausdenken können, die ihn so weit brachten?

Mitsuo Fuchida hieß er. Jubelnd hatte er nach dem furchtbaren Schlag gegen die US-Kriegsmarine über Funk die Siegesmeldung nach Tokio gesandt. Die Aussichten für sein Land, den Pazifik zu beherrschen, waren tatsächlich günstig.

Aber Amerika erwachte wie ein schlafender Riese und holte zum Gegenschlag aus. Es dauerte nicht lange, bis sich die Japaner in der Defensive wiederfanden und schließlich angesichts der Asche von Hiroschima und Nagasaki kapitulierten.

Hauptmann Fuchida tobte. Er beschloß, die Vereinigten Staaten vor ein internationales Gericht zu bringen und wegen begangener Kriegsverbrechen anzuklagen. Um das zu erreichen, fing er an, Berichte von Kriegsverbrechen zu sammeln, die an seinen Landsleuten verübt worden waren.

Er begann mit solchen, die als Kriegsgefangene in den Staaten gelebt hatten. Aber anstatt von Verbrechen zu hören, tauchte in den Berichten immer wieder die Geschichte einer Amerikanerin auf, die sich um die Männer in den Internierungslagern gekümmert hatte. Sie brachte ihnen Süßigkeiten, Gebäck und ein kleines Buch, das Neues Testament genannt wurde. Solche Freundlichkeit verwirrte die Soldaten. Auf die Frage: »Warum behandeln Sie uns so? Immerhin sind wir Ihre Feinde«, antwortete sie gewöhnlich: »Wegen des Gebets, das meine Eltern vor ihrer Ermordung als letzte Worte sprachen.« Ihre Eltern hatten als christliche Missionare auf den Philippinen gelebt. Als die Japaner einmarschierten, erschossen sie die Eltern, die zuvor jedoch noch die letzte Gelegenheit ergriffen, ihre Herzen vor Gott auszuschütten. Und nun erklärte die Tochter ihre Freundlichkeit mit eben diesem Gebet ihrer Eltern. Den Inhalt des Gebets ihrer Eltern hatte sie den japanischen Gefangenen jedoch nie mitgeteilt.

So etwas war wohl kaum die Art von Beweisen, die Fuchida suchte! Er wollte Berichte von Mißhandlungen, statt dessen tauchte in den Berichten immer wieder diese Geschichte auf.

Eines Tages besorgte sich Fuchida ein Neues Testament. Er war neugierig. Er las das Matthäus-Evangelium; es ließ ihn aber kalt. Er las das Markus-Evangelium; aber das bewegte ihn ebensowenig. Als er aber an Lukas 23,34 kam, las er: »Vater, vergib ihnen, denn sie wissen nicht, was sie tun!« Ohne fremde Hilfe erkannte er: »Das ist das Gebet, das jene Missionare sprachen, bevor sie umgebracht wurden.«

Mitsuo Fuchida tat auf der Stelle Buße wegen seiner Sünden und nahm den Herrn Jesus als Herrn und Retter an. Bis zu seinem Tode im Jahre 1969 reiste er durch viele Länder und verkündigte den unerforschlichen Reichtum Christi und den Weg zum Frieden mit Gott.

Worte, die nie schweigen

Gott ist langmütig und will nicht, daß jemand verloren geht. Er steht bei Sonnenschein wie Regen vor der Herzenstür und wartet geduldig darauf, eingelassen zu werden. Seine Geduld erstreckt sich über Jahre hinaus. Dwight L. Moody brachte dafür ein unvergeßliches Beispiel:

Eines Abends hatte er über Matthäus 6,33 gepredigt: »Trachtet aber zuerst nach dem Reich Gottes und nach seiner Gerechtigkeit, und dies alles wird euch hinzugefügt werden.« Am Ende der Versammlung kam ein Mann in sichtlicher Erregung auf ihn zu.

»Mr. Moody«, sagte er, »als ich von meinen Eltern fortzog, flehte mich meine Mutter an, mich Christus zu übergeben; doch ich sagte damals: ›Dafür habe ich jetzt keine Zeit, ich muß erst einmal sehen, wie ich mein Auskommen finde.‹ Doch versprach ich ihr, jeden Sonntag in die Kirche zu gehen.«

»Als ich mich in meiner neuen Unterkunft einrichtete, entdeckte ich, daß meine Mutter mir eine Bibel in meinen Koffer gepackt hatte. Darin war Matthäus 6,33 angestrichen: ›Trachtet aber zuerst nach dem Reiche Gottes und nach seiner Gerechtigkeit, und dies alles wird euch hinzugefügt werden.‹

Am nächsten Sonntag ging ich zur Kirche. Der Prediger hatte Matthäus 6,33 als Text ausgesucht. Das mußte mehr als Zufall sein. Zuerst wollte ich Christus mein Leben übergeben; aber dann tat ich es doch nicht. Ich ging wieder hinaus, wie ich gekommen war.

Am nächsten Sonntag suchte ich in eine andere Kirche auf. Der Predigttext an diesem Sonntag war Matthäus 6,33. Mir war klar, daß Gott mich verfolgte. Ich war ziemlich aufgewühlt, doch

beruhigte ich mich damit, daß ich irgendwann später einmal Christ werden würde.

Einige Wochen danach war ich in einer anderen Stadt, und ob Sie es glauben oder nicht – der Prediger sprach über Matthäus 6,33. Einige Leute, die in meiner Nähe saßen, befragten mich und merkten, daß ich nicht errettet war. Sie drängten mich, Christus anzunehmen. Aber ich antwortete ihnen: ›Nein, denn dann könnte ich nicht mehr tun, was ich will.‹ Und so ging ich und lehnte Christus weiterhin ab.

Mr. Moody, ich bin vierzig Jahre lang zur Kirche gegangen, weil ich mein Versprechen meiner Mutter gegenüber halten wollte; aber in den ganzen vierzig Jahren habe ich den Text nie wieder gehört.

Jetzt komme ich heute abend in Ihre Versammlung, und Sie predigen über Matthäus 6,33: ›Trachtet aber zuerst nach dem Reiche Gottes und nach seiner Gerechtigkeit, und dies alles wird euch hinzugefügt werden.‹ Mr. Moody, glauben Sie, daß Gott mir immer noch vergeben und mich retten wird?«

Moody versicherte ihm, die Tür zum Heil sei noch offen; und an jenem Abend ging er als bußfertiger Sünder hindurch. Gottes Geduld hatte vierzig Jahre lang angehalten, und die Gebete der Mutter waren ihm genausolange nachgegangen.

Unglaubliche Zufälle

Manchmal müssen wir über den göttlichen Einfallsreichtum schmunzeln. Gott wirkt auf eine Weise, die unser Denken schwindlig macht. Wir fühlten uns versucht, die Geschichte von George Cutting für unglaubwürdig zu halten, würden wir ihn nicht als Mann kennen, dessen Integrität über jeden Zweifel erhaben ist, und der weder zu Übertreibungen noch zu Schönfärberei neigt. Vielen von uns ist er durch seine Schriften bekannt, vor allem durch das Traktat *Sicherheit, Gewißheit und Genuß.*

Eines Tages ging er durch ein kleines englisches Dorf. Plötzlich war ihm innerlich klar, er solle jetzt ausrufen: »Siehe, das Lamm Gottes, das die Sünden der Welt wegnimmt.« Allem Anschein nach war niemand in Hörweite, und ein solcher Ausruf kam ihm töricht vor; doch Cutting lebte nah beim Herrn, so daß er die Stimme des Heiligen Geistes vernehmen konnte. So zitierte er laut Johannes 1,28.

Dann hatte er den Eindruck, diesen Vers wiederholen zu müssen, und auch das tat er.

Sechs Monate später war er bei einer Von-Tür-zu-Tür-Evangelisation in diesem Dorf. Als er eine Frau in einer der Hütten fragte, ob sie errettet sei, bestätigte sie ihm hocherfreut, daß sie dem Heiland angehöre.

»Wie ist es dazu gekommen?« fragte er.

Sie erzählte ihm, vor sechs Monaten sei sie wegen ihrer Sünden in große Not geraten. Hier, in dieser kleinen Hütte, schrie sie zum Herrn um Hilfe. Genau in diesem Augenblick hörte sie die Worte: »Siehe, das Lamm Gottes, das die Sünde der Welt wegnimmt.«

Sie sagte weiter: »Herr, wenn Du das sagst, dann sag es noch einmal.« Und wieder hörte sie die wunderbaren Worte: »Siehe, das Lamm Gottes, das die Sünden der Welt wegnimmt.« An diesem Morgen wurde ihr die Last der Sünden abgenommen, und Friede und Freude erfüllten sie durch den Glauben an das Lamm Gottes.

Wie wunderbar, ein Mensch wie George Cutting zu sein, der empfindsam war für das Drängen des Geistes Gottes und Ihm gehorchte, selbst wenn es widersinnig erschien.[4]

Ungewöhnliche Evangelisation

Thomas Bilney (er lebte zur Zeit Martin Luthers, d. Ü.) war ein unscheinbarer Mensch. Er ging immer gern in die Kirche, in der Hugh Latimer predigte. Obwohl »Little Bilney« in den Augen der Menschen nicht viel bedeutete, so kannte er doch Gott und die Bibel und verfügte über ein beachtliches Maß geistlichen Unterscheidungsvermögens. Er mochte Latimer und schätzte ihn sehr, wenn er auch beim Zuhören feststellen mußte, daß den Predigten etwas Wesentliches fehlte. Die Botschaften richteten sich an den Verstand und nicht an das Herz. Sie waren hochgelehrt; aber sie brachten kein Leben. Latimer war aufrichtig und ernst; aber er war nicht errettet. Bilney rief zu Gott, Er möge ihm einen Weg zu Latimers Herzen öffnen. Er wollte so gern das Werkzeug zu dessen Erleuchtung sein.

Die Möglichkeit dazu ergab sich einige Zeit später. Latimer stieg von der Kanzel und Bilney fragte Ihn: »Pater Latimer, darf ich bei Ihnen beichten?«

Natürlich erwartete Latimer ein Sündenbekenntnis. Doch statt dessen bekannte ihm Bilney seinen Glauben an Christus. Er erzählte ihm, wie er durch 1. Timotheus 1,15 Frieden gefunden habe: »Das Wort ist gewiß und aller Annahme wert, daß Christus Jesus in die Welt gekommen ist, Sünder zu erretten, von welchen ich der erste bin.«

Latimer wurde »im Sturm erobert«. Er war völlig überwältigt. Natürlich kannte auch er die schmerzende Unzufriedenheit, von der Bilney sprach. Seit Jahren verspürte er denselben unersättlichen Hunger, denselben unstillbaren Durst.

Zu Bilneys Erstaunen erhob sich Latimer und kniete dann neben ihm. Der Beichtvater suchte bei dem Büßer Hilfe! Bilney holte das heilige Buch aus seiner Tasche, das ihm soviel Trost und Freude bereitet hatte. Wie von selbst klappte es an der von Bilney immer wieder gelesenen Stelle auf:

»Das Wort ist gewiß und aller Annahme wert, daß Christus Jesus in die Welt gekommen ist, Sünder zu erretten, von welchen ich der erste bin.«

Das langersehnte Licht, das nirgends zu finden war, durchflutete nun Hugh Latimers Seele; und Bilney erlebte, wie ihm der leidenschaftliche Wunsch seines Herzens gewährt wurde. Und von dieser Stunde an lebten Bilney und Latimer nur noch dem Ziel, allen Menschen, ob arm oder reich, groß oder klein, die Augen für den unausforschlichen Reichtum Christi zu öffnen.[5]

Dieser Hugh Latimer war der spätere Bischof, der wegen seines Glaubens an Christus auf dem Scheiterhaufen verbrannt wurde, genauso wie sein Freund Bilney. Bereits auf dem Scheiterhaufen stehend, sagte Latimer zu seinem Leidensgenossen in diesem Martyrium Bischof Ridley: »Sei guten Mutes, Master Ridley ... Heute werden wir in England ein Licht entzünden, das nie wieder ausgelöscht werden wird!«

Kurz und bündig

Ein anderes Beispiel unkonventioneller Evangelisation fand vor Jahren in Holland statt. Dr. Abraham Kuyper hatte zwar mit Auszeichnung sein theologisches Examen an der Universität Leiden bestanden, sein geistliches Leben war jedoch kalt und tot, genauso wie das Leben der Kirche seiner Zeit. Als junger Pfarrer kam er nach Beesd in eine kleine Landgemeinde. Dort begegnete ihm zum ersten Mal lebendiges Christentum. Die einfachen Menschen dort waren ein lebendiger Beweis für die Kraft und Wahrheit des christlichen Glaubens. Eines Sonntags sprach ihn nach der Predigt eine Frau ungewöhnlich mutig an und sagte: »Dr. Kuyper, das war eine schöne Predigt, aber Sie müssen von neuem geboren sein.« Der Pfeil saß. Kuyper gab seine falsche Ansicht über den Glauben auf, übergab sein Leben Christus und wurde von da an ein bekannter Prediger, Erzieher, frommer Schriftsteller und Staatsmann. Vier Jahre lang war er niederländischer Ministerpräsident.

Vom Atheisten zum Christen

Obwohl in anglikanischer Tradition aufgewachsen, wandte sich C. S. Lewis als Teenager dem Atheismus zu. Seine Ausbildung in Oxford wurde vom Kriegsdienst im Ersten Weltkrieg unterbrochen. Als immer noch überzeugter Atheist kehrte er nach Oxford zurück, um Philosophie und englische Literatur zu studieren.

Im Alter von vierundzwanzig Jahren tauchten in seiner Es-gibt-keinen-Gott-Philosophie die ersten Sprünge auf. Er hatte sich nämlich mit Nevill Coghill angefreundet, dem klügsten und bewandertsten Studenten seines Semesters. Darüber hinaus war dieser von liebenswertestem Charakter. Als Lewis merkte, daß Coghill durch und durch Christ war, bedeutete das für ihn eine tiefe Enttäuschung. Gleiches erlebte er mit mehreren Freunden – sie waren in jeder Beziehung außergewöhnliche Menschen; nur hatten sie den Fehler, daß sie gläubig waren.

Dasselbe erfuhr er auch mit den Schriftstellern, die er schätzte – Männer wie George MacDonald zum Beispiel. Er bedauerte zutiefst, daß MacDonald Christ war. Für Lewis war Gilbert Chesterton der einfühlsamste Menschen seiner Zeit; aber auch der war dem Christentum zugetan. Und viele andere trugen den gleichen Makel.

Gott, sein Feind, hatte sein Wirken an Lewis aufgenommen und bearbeitete seinen Intellekt, seine Gefühle, seinen Willen. Wie ihm später deutlich wurde, war der große Fischer hinter Seinem Fisch her, ja, der Haken saß schon fest in Lewis' Zunge.[6]

Oder – um ein anderes Bild zu gebrauchen – der »himmlische Spürhund«[7] hatte begonnen, ihn zu jagen, und würde ihn nicht entwischen lassen.

Sein Atheismus hatte schon erhebliche Schrammen erlitten; aber immer noch weigerte er sich, Gott als Gott anzuerkennen. Zähneknirschend sprach er von Ihm als einem Geist. Selbst das war schon ein großes Zugeständnis. Immerhin brauchte er sich nicht völlig zu unterwerfen! Ein gewisses Maß an Stolz, so meinte er, müßte er sich doch vorbehalten können.

Nachdem er Chestertons »Everlasting Man« (»Der ewige Mensch«) gelesen hatte, mußte er zugestehen, daß das Christentum innere Logik aufwies – ausgenommen das Christliche daran.

Das war ein eigenartiger Widerspruch, eine Art logischen Unfugs, zu dem ihn seine Dickköpfigkeit zwang.

Im Jahre 1926 erkannte sein hartgesottenster atheistischer Freund die Historizität der Evangelien an. Er gab zu, die Geschichte vom sterbenden Gott habe wohl tatsächlich stattgefunden. Wenn Gott Lewis weiterhin so einkesselte, war er erledigt.

Gerade in dieser Zeit wurde ihm klar, daß er ein Sünder war. Mit seinen eigenen Worten: »Was ich dabei fand, entsetzte mich; ein Zoo der Gelüste, ein Irrenhaus der Ambitionen, ein Kinderzimmer der Ängste, ein Harem der gehätschelten Haßgefühle. Mein Name war Legion.«[8]

1929 saß er Abend für Abend allein in seinem Zimmer im Magdalen College. Er fühlte »das stetige, unaufhaltsame Nahen dessen, dem nicht zu begegnen ich mir so ernstlich wünschte«.[9] Dann und dort gab er zu, daß Gott Gott ist. Er kniete nieder und betete – er, »der niedergeschlagenste und widerwilligste Bekehrte in ganz England«.[10]

Rückblickend auf dieses Erlebnis, bestaunte er »die göttliche Demut, die einen Bekehren selbst unter solchen Bedingungen annimmt«. Er fragte: »Wer könnte jene Liebe gebührend anbeten, die die hohen Tore einem Abtrünnigen öffnet, der um sich tretend, sich windend, trotzig und in allen Richtungen nach einer Chance zur Flucht Ausschau haltend hereingebracht wird?«[11]

Von dem Augenblick an, als er eingestand, daß Gott Gott ist, begann er sich mit den bedeutendsten Lehren des Christentums zu befassen. Eines Morgens brach er zu einer Reise auf, zu deren Beginn er noch nicht glauben konnte, daß Jesus Christus der Sohn Gottes ist. Als er an seinem Zielort ankam, glaubte er. Und schließlich fand er die Freude, die er im Atheismus vergeblich gesucht hatte.

Lewis' Errettung ist ein Beispiel für die Beobachtung Spurgeons, daß die Kirchengeschichte gespickt ist mit derlei bemerkenswerten Bekehrungen von Menschen, die nicht bekehrt sein wollten, die sich nicht nach Gnade gesehnt, sondern sich ihr widersetzt hatten, und die letztlich doch von den Armen der ewigen Gnade aufgefangen wurden. Gott selbst hat sie niedergestreckt und in ernste und demütige Nachfolger des Lammes verwandelt.[12]

Ganz nebenbei errettet

Ja, der suchende Erretter findet die verlorenen Schafe oft auf ungewöhnliche Weise. Einst erklärte ein Seelengewinner einem Menschen den Weg des Heils in einem Flottenstützpunkt auf Hawaii. Im hintersten Winkel eines Hangars bekannte ein Matrose einem seiner Kameraden seinen Glauben. Ein anderer Matrose, der unbemerkt hinter einem Pfeiler stand, hörte die Botschaft und glaubte sie. Soweit bekannt, hat sich der eigentlich Gemeinte nicht bekehrt.

Kein Höllenbrand mehr

Erik war ohne religiöse Erziehung aufgewachsen; aber er hatte einen kleinen Spielkameraden aus der Nachbarschaft, der ihm regelmäßig biblische Geschichten erzählte. Der hatte diese von seiner Mutter gehört. So kam auch Erik zum ersten Mal mit der Bibel in Berührung. In der High School verteilte jemand des öfteren Kindertraktate, die das Evangelium als Comicstrip darboten. Wenn dort von der Hölle die Rede war, murmelte Erik immer wieder: »Dahin will ich nie kommen!«

Als er einmal mit seinem Bruder und seiner Schwester die Einkaufsstraße entlangging, wurden sie von einer jungen Dame angesprochen, die sie fragte: »Habt ihr das Wort des Herrn gehört?« Seine Geschwister gingen weiter und machten sich über das Fräulein lustig, Erik blieb jedoch stehen und hörte sich an, was sie zu sagen hatte.

Doch bald wurde das Leben für ihn ein Alptraum aus Alkohol, Drogen, Einbrüchen und Ärger mit der Polizei. Er meldete sich zur Kriegsmarine; aber auch da hielt er es nicht lange aus. Auf seiner Suche nach Befriedigung kaufte er sich ein schweres Motorrad. Dann wandte er sich an einen Künstler, der ihm das Bild des Teufels – mit Hörnern, Schwanz, Dreizack usw. – auf die Maschine malen sollte. Darunter ließ er das Wort »Höllenreiter« schreiben. Dieses Wort traf den Nagel auf den Kopf; denn Erik raste wie ein Irrsinniger durch die Stadt und versuchte,

mit todesverachtenden Kunststücken seinen Freundinnen zu imponieren.

Jetzt beschloß er, es noch einmal anders zu versuchen, und meldete sich im städtischen College an. Ein Mitstudent lud ihn mehrfach zu einem im College stattfindenden Bibelkurs ein; aber er hatte stets Ausreden. Eines Tages jedoch entschloß er sich, hinzugehen. Das Thema jenes Abends war die Hölle. Erik bekam Angst. Hinterher brachte ihn ein junger Mann (der später einer von Eriks Gemeindeältesten wurde) zu Christus.

Ihm war klar, daß er das Motorrad nicht länger behalten konnte; aber niemand wollte es ihm abkaufen. Als er einem Mitchristen gegenüber seinem Frust Luft machte, fragte dieser: »Erik, du bist doch nun Christ; wie kannst du ein Motorrad mit der Aufschrift ›Höllenreiter‹ verkaufen?« Erik gab zu, er habe darüber überhaupt noch nicht nachgedacht. So machte er sich an den Versuch, das Teufelsbild und den dazugehörigen Schriftzug zu entfernen. Zu seiner Freude ging das so schonend vonstatten, daß die Originalfarbe wieder wie neu zum Vorschein kam. Daran erkannte er, wie der Herr ihm in seinem Leben zur Seite stand. Und noch einen weiteren Beweis dafür erhielt er: Bereits am nächsten Tag kaufte jemand sein Motorrad und bezahlte sogar denselben Preis, den Erik ursprünglich ausgegeben hatte. Erik war kein *Höllenreiter* mehr, sondern ein *Himmelsreiter.*

Ein gedankenversunkener Wachsoldat in Gibraltar

Spurgeon erzählt von zwei Soldaten, die in den langen unterirdischen Gängen von Gibraltar ihren Wachdienst versahen. Einer war ein entschiedener Christ, der andere steckte gerade in einer tiefen seelischen Krise. Sie standen weit entfernt voneinander in einem langgezogenen, widerhallenden Tunnel. Der Soldat mit dem bekümmerten Herzen wußte nicht, wo er mit seinem Schmerz hin sollte. Ihm war klar, daß er sich gegen Gott aufgelehnt hatte, und nun wußte er nicht, wie er Frieden mit Gott erlangen konnte.

Der zweite Wachsoldat am anderen Ende des Tunnels verbrachte seine Zeit mit Nachsinnen über die Erlösung durch den Herrn Jesus. Plötzlich wurde er durch einen Offizier aufgeschreckt, der aus der Dunkelheit auftauchte und ihn nach der Parole fragte. In seiner Verwirrung platzte der Soldat heraus: »Das kostbare Blut Jesu Christi!« Dann besann er sich und nannte schnell das richtige Kennwort. Währenddessen waren die ersten Worte durch den langen Tunnel geeilt und bei dem Soldaten angekommen, der sie so nötig brauchte.

Wie Spurgeon berichtet, hallten diese Worte den Tunnel entlang, erreichten den, für den Gott sie bestimmt hatte, und der Mann fand Frieden mit Gott. Später gebrauchte Gott ihn als Werkzeug für die Erstellung einer exzellenten Bibelübersetzung in die Hindi-Sprache.[13]

Ohne Worte gewonnen

Wir hören oft von Leuten, die durch das Lebenszeugnis von Gläubigen zum Herrn gebracht wurden. Alkoholsüchtige Ehemänner bekehrten sich zu Christus aufgrund der demütigen Haltung ihrer gläubigen Gattinnen. Das geschieht auch heute noch, wie uns das Beispiel von Bert Graves zeigt, der auf einem Militärstützpunkt Dienst tat.

Nach Feierabend veranstaltete er mit seinen Kameraden oftmals Basketballspiele auf dem Sportplatz. Er wußte nicht, daß Dick Kegler ihn immerzu beobachtete. Dick war nämlich aufgefallen, daß Bert niemals die Fassung verlor, nie etwas Unanständiges sagte und in allen Situationen fair blieb.

Eines Abends sprach er ihn an und sagte: »Bert, du bist anders. Du hast etwas, das ich nicht habe. Ich weiß nicht, was es ist; aber ich hätte es gern.«

Gern erklärte Bert ihm, daß er nicht »etwas« hätte, sondern eine Person – und die heißt Jesus Christus. Dick war bereit. Noch an diesem Abend nahm er das Rettungsangebot Gottes an.

Der unerledigte Fall einer gestohlenen Bibel

Gottes Züge fahren immer pünktlich; doch manche Reise dauert jahrelang. Einige Bekehrungen sind einfach; andere gehen die verschlungensten Wege, und viele Menschen sind daran beteiligt. Da greifen die verschiedensten Räder ineinander, und alles in allem bildet ein wundersames Hin und Her auf dem göttlichen Schachbrett.

Vor etlichen Jahren führte A. H. Stewart in Neubraunschweig (eine Provinz in Kanada) eine Evangelisation durch. C. Ernst Tatham und zwei weitere junge Männer halfen ihm dabei. Jeden Morgen nach dem Frühstück traf sich Mr. Stewart mit seinem Team; dann nahm er seine Bibel, ein Geschenk des bekannten Predigers H. A. Ironside, und las fortlaufend aus dem 2. Buch Mose. Am 2. September schrieb er an den Rand: »Heute in Campbelltown die Exodus-Lesung beendet.«

Nachdem Mr. Stewart nach Guelph in Ontario heimgekehrt war, brach ein Räuber sein Auto auf und machte sich mit den Koffern aus dem Staub. Auch die Bibel, sein wertvollster irdischer Besitz, gehörte zum Diebesgut. Die polizeilichen Nachforschungen blieben ergebnislos; der Dieb wurde nie gefaßt.

Acht Jahre später leitete Ernie Tatham eine Versammlung in einem weit von Guelph entfernten Ort. Wir wollen ihn im folgenden selbst zu Worte kommen lassen:

»›Haben Sie gehört, was mit Wilbur McNaughton passiert ist?‹ Die kleine Mrs. Harvey blickte mir fest in die Augen, als sie die kleine Dorfkirche nach der Versammlung verlassen wollte. ›Und wer ist Wilbur McNaughton?‹ fragte ich amüsiert. ›O, ich dachte, Sie würden ihn kennen. Die meisten Leute hier in der Gegend kennen ihn. Aber egal – er hat sich bekehrt, und wie!‹ strahlte sie.

›Sie müssen wissen‹, fuhr sie fort, ›er hatte mit der Kirche nichts im Sinn. Vielmehr machte jeder einen weiten Bogen um ihn, wenn er wieder mal betrunken war. Aber jetzt – es ist einfach wunderbar – ist er Christ geworden, ein völlig neuer Mensch. Stellen Sie sich das vor, er fand den Herrn, indem er in einer dicken Bibel las, die ein Freund ihm gegeben hatte. Der hatte sie von jemand anderem bekommen, wollte sie aber nicht behalten und verschenkte sie weiter an Wilbur.‹

Bevor sie die Kirche verließ, versprach Mrs. Harvey, daß sie versuchen wolle, Wilbur zu einem der Evangelisations-Gottesdienste mitzubringen.

Tatsächlich tauchte er an einem der folgenden Abende auf. Als ich ihn sah, sagte ich: ›Ich habe gehört, daß Sie Ihr Leben Christus übergeben haben. Stimmt das?‹

Wilbur bestätigte lächelnd. Er erzählte, wie ein Freund ihm eine Bibel gegeben und er zu lesen begonnen habe. Weil seine Frau uninteressiert und sogar ablehnend eingestellt war, mußte er seine Lektüre meistens heimlich halten. Mit dem Lesen wuchs sein Interesse, und sein Herz wurde immer hungriger. Als er spät in der Nacht einmal Johannes 14 las, war es ihm, als wolle der Herr Jesus ihn jetzt zu sich ziehen und ihm Mut machen, Ihm aus ganzem Herzen zu vertrauen. Es war ihm, als hörte er Jesu Stimme und sähe er Seine durchbohrten Hände. Zum ersten Mal wurde ihm klar, daß Christus keine fixe Idee, sondern Wirklichkeit ist, und er übergab dem Herrn sein Leben mit Geist, Seele und Leib. In jener Nacht wurde er, ganz allein in seinem Zimmer, ein echter, wiedergeborener Christ. Nie wieder würde er der Alte sein.

Ich sah, daß Wilbur eine große Bibel unterm Arm trug, und fragte ihn, ob es die Bibel sei, von der er erzählt hatte. Er bejahte das und reichte sie mir. Ich konnte sehen, daß sie viele handschriftliche Eintragungen an den Rändern enthielt. Wie ich sie so durchblätterte, begann mein Herz schneller zu schlagen. Am Ende des 2. Mosebuches las ich: ›Heute in Campbelltown die Exodus-Lesung beendet.‹

Mein Herz begann vor Freude zu schlagen, konnte ich doch kaum meinen Augen trauen. ›Sieh dir das an‹, rief ich, ›ich war mit A. H. Stewart in Neubraunschweig, als er diese Eintragung machte.‹ Unsere Freunde, die um uns herumstanden, traten alle neugierig und bestürzt herzu und schüttelten verwundert die Köpfe.

Am nächsten Tag rief ich Mr. Stewart an und freute mich darüber, wie herzlich froh ihn diese Nachricht machte. Er hatte die Hoffnung aufgegeben, die gestohlene Bibel je zurückzubekommen. Und nun war sie in einem 250 Kilometer entfernten Dorf doch wieder aufgetaucht, nachdem sie das Werkzeug geworden war, einen Menschen zum Heiland Jesus Christus zu führen. Es bestand so gut wie keine Chance, sie jemals wiederzusehen; denn ich war höchstwahrscheinlich einer von den drei einzigen Personen auf der ganzen Welt, die sie identifizieren konnten.

Als McNaughton diese ganze Geschichte erfahren hatte, brachte er das kostbare Buch bewegten Herzens seinem Besitzer zurück.«

»Wie unausforschlich sind seine Gerichte und unausspürbar seine Wege« (Römer 11,33)!

Noch eine unverwüstliche Bibel

Als W. P. Mackay sein schottisches Elternhaus verließ, steckte ihm seine Mutter eine Bibel in den Koffer, die sie mit einer persönliche Widmung und einem Bibelvers versehen hatte.

Mit der Zeit entwickelte sich der junge Mackay zu einem glühenden Atheisten und eignete sich einen seiner Gottlosigkeit entsprechenden Lebenswandel an. Er versank immer mehr in Alkoholismus und wüstestes Treiben. Schließlich brachte er auch noch die Bibel ins Pfandhaus, um sich mit Schnaps versorgen zu können.

Trotz seines destruktiven Verhaltens wurde er ein erfolgreicher Arzt, stieg sogar zum Chefarzt des größten Edinburgher Krankenhauses auf.

Eines Tages wurde während seiner Dienstzeit ein grausam verstümmelter Patient eingeliefert. Dr. Mackay wunderte sich über den Frieden, den dieser Mensch ausstrahlte. Zuerst versuchte der Doktor ihm einzureden, es werde alles wieder in Ordnung kommen. Doch der Patient bestand darauf zu wissen, wie lange er noch zu leben habe. Schließlich sagte der Arzt: »Höchstens noch drei Stunden.«

Zur Verwunderung des Arztes sagte der Mann: »Ich bin bereit. Ich bin errettet und habe keine Angst vorm Sterben. Ich werde zum Herrn Jesus gehen.« Dann fragte er, ob man ihm ein bestimmtes Buch von seiner Vermieterin holen könnte.

Dr. Mackay beauftragte jemanden, es zu holen; dann setzte er seine Visite im Krankenhaus fort. Doch mußte er fortwährend an die stille Zuversicht dieses Menschen denken. Woher hatte er diese nur?

Später kehrte er zurück und fragte die Krankenschwester, wie es dem Patienten gehe. »Er ist vor ein paar Minuten gestorben.«

»Wo ist das Buch, nach dem er verlangt hatte?«

»Es liegt unter dem Kissen, unter das er es selbst gesteckt hat.«

Als der Arzt unter besagtes Kissen griff, kam eine Bibel zum Vorschein. Sie klappte bei der ersten Seite auf, und da erblickte er seinen eigenen Namen, den Namen seiner Mutter und einen Bibelvers. Es war die Bibel, die ihm seine Mutter mitgegeben hatte, als er von zu Hause fort zum College ging, die er dann verschachert hatte.

Mackay eilte mit der Bibel in sein Büro, fiel auf die Knie und flehte Gott um Gnade an. Er tat Buße über sein sündiges Leben und nahm Christus als Herrn und Retter an.

Später schrieb er ein Buch mit dem Titel »Gnade und Wahrheit« und predigte die Botschaft des Heils vor unzähligen Menschen.

Ein Zehn-Dollar-Versprechen

Ein Evangelist traf einen Bauern und sagte: »Ein schöner Tag heute, nicht wahr?«

Der Bauer antwortete: »In der Tat. Ein großartiger Tag.«

»Ich hoffe, Sie danken dem Herrn jeden Morgen, bevor Sie aus dem Hause gehen. Sie beten doch – oder etwa nicht?«

»Nein, ich bete nie, und ich wüßte auch nicht, wofür ich beten sollte.«

»Das ist eigenartig. Betet Ihre Frau auch niemals?«

»Sie kann beten, soviel sie Lust hat.«

»Und Ihre Kinder, beten die etwa nicht?«

»Niemand hindert sie am Beten, wenn es ihnen gefällt.«

Der Evangelist sagte: »Ich möchte ein Geschäft mit Ihnen machen. Ich gebe Ihnen 10 Dollar, wenn Sie mir versprechen, niemals mehr in Ihrem Leben zu beten.«

Der Bauer schlug ein, nahm das Geld und rieb sich die Hände darüber, so mühelos zu dem Geld gekommen zu sein.

Als er abends im Bett lag, fing er an, über den Handel nachzudenken. »Was habe ich gemacht? Ich habe versprochen, nie wieder zu beten. Egal, welche Probleme, Sorgen und Nöte auch kommen mögen, ich darf nicht beten. Und wenn's ans Sterben geht, vielleicht will ich dann beten? Ich werde vor dem Richter stehen müssen, und vielleicht wünsche ich dann von Herzen, daß ich zuvor gebetet hätte.«

Je mehr er darüber nachdachte, um so beunruhigter wurde er. Sein Elend wurde noch größer, als ihm seine Sündenlast einfiel, die er mit sich herumtrug. Seine Frau merkte, daß er tiefen Kummer hatte und fragte ihn, was ihn so bedrückt. Schließlich erzählte er ihr, er habe versprochen, nie wieder zu beten. Sie sagte: »Der Teufel hat dich versucht, und du hast deine Seele für 10 Dollar verkauft.« Dieser Gedanke brachte ihn dermaßen zur Verzweiflung, daß er mehrere Tage nicht arbeiten konnte.

Der Evangelist hielt in der Nachbarschaft Vorträge und rechnete kaum damit, daß der Bauer kommen würde. Tatsächlich aber tauchte er eines Abends auf. Die Predigt stand unter dem Text aus Markus 8,36: »Was wird es einem Menschen nützen, wenn er die ganze Welt gewönne und seine Seele einbüßte?«

Am Ende der Versammlung kam der Bauer eilig nach vorn. Er hielt die 10 Dollar in der Hand, streckte sie dem Evangelisten entgegen und schrie: »Nehmen Sie's zurück! Nehmen Sie's zurück!«

»Was ist denn nun los?« fragte der Evangelist. »Sie wollten doch die 10 Dollar und sagten, sie brauchten nicht zu beten.«

»Aber ich muß beten. Wenn ich nicht bete, bin ich verloren.«

Bald lag er auf seinen Knien und flehte Gott um Vergebung und Rettung an.

Wieder hatte der souveräne Geist einen Sünder gefangen und ihn der Familie Gottes zugefügt.

Ein unpassender Vers für einen absurden Einwand

Manchmal glauben wir, Gott könne nur durch treffende evangelistische Bibelstellen retten, wie etwa Johannes 3,16, Johannes 5,24 und Römer 10,9. Statt dessen ist aber jedes Wort Gottes lebendig und kräftig, und Er kann die unpassendsten Stellen dazu benutzen, um in eine dunkle Seele Licht zu bringen.

J. Oswald Sanders erzählte von einem blinden Christen, der seit langem versucht hatte, eine ältere Frau zum Herrn zu führen. Er hatte alles Erdenkliche versucht und alle bekannten evangelistischen Verse angeführt. In den farbigsten Bildern hatte er dargestellt, was Stellvertretung bedeutet. Alles war fruchtlos geblieben. Es schien, als könne sie die Wahrheit nicht begreifen.

Bevor er sie eines Tages wieder besuchte, sagte er dem Herrn, wie erfolglos alles bisher verlaufen war. Er sagte: »Herr, ich kann nicht weitermachen, wenn Du mir nicht einige Schriftstellen gibst, die ich ihr mitteilen kann.« Als er betete, kam ihm der folgende Vers in den Sinn: »... und ihr werdet meine Söhne und Töchter sein, spricht der Herr, der Allmächtige« (2. Kor. 6,18). Er konnte nicht verstehen, was ein solcher Vers mit der persönlichen Errettung eines Menschen zu tun hatte. Nachdem er mit dem Herrn gehadert hatte, wurde ihm jedoch klar, daß er kein weiteres Wort erhalten würde. So sagte er: »Herr, dann will ich das benutzen.«

Er erklärte der Frau, ihm fiele nun nichts mehr ein, was er ihr zur Verdeutlichung des Evangeliums noch sagen könnte. Alles, was er weiß, habe er gesagt. So habe er den Herrn nochmals um ein Bibelwort gebeten. Danach zitierte er: »... und ihr werdet mir zu Söhnen und Töchtern sein, spricht der Herr, der Allmächtige.«

»Steht das so in der Bibel?« rief sie aus.

»Ja, aber warum fragen Sie?«

»Nun, alle anderen Verse, die Sie mir nannten, galten ausschließlich Männern. ›Ihn, der zu mir kommt, werde ich nicht hinausstoßen. Er, der mein Wort hört ...‹ (wörtlich nach der englischen Bibel; d. Ü.). Gilt das denn auch für Frauen? Schließt das die Töchter genauso wie die Söhne ein?«

Nachdem Sanders mir die Geschichte erzählt hatte, meinte er: »Wer außer dem Heiligen Geist hätte dieser Frau je auf solche

Weise helfen können? Sie hatte einen absurden Einwand; aber der Seelengewinner, der sich vom Heiligen Geist abhängig wußte, empfing von Ihm diesen Vers, der für diese Frau die Erlösung brachte.«

Und dann fragte er noch: »Wie abhängig sind wir vom Heiligen Geist?«

Ein ähnlicher Fall betraf eine junge Frau, deren Leidenschaft das Tanzen war. Nirgends war sie glücklicher als auf der Tanzfläche. Abend für Abend glitt sie in den Armen ihrer Freunde übers Parkett. Was konnte man vom Leben noch mehr erwarten?

Dann geschah es. Eines Abends schoß ihr während des Tanzens ein Vers aus Jeremia durch den Sinn, den sie als Kind auswendig gelernt hatte. Es war keiner der üblichen evangelistischen Verse; doch Jeremia 2,13 brach mit überwältigender Macht in ihr Herz ein: »Denn zweifach Böses hat mein Volk begangen: Mich, den Born lebendigen Wassers, haben sie verlassen, um sich Zisternen auszuhauen, geborstene Zisternen, die kein Wasser halten.«

Als dieses Wort sie mit voller Wucht traf, war sie am Boden zerstört. Sie hatte den Herrn zugunsten einer Unterhaltung verlassen, die auf Dauer nicht befriedigen konnte und keinen Wert für die Ewigkeit besaß.

Sie verließ die Tanzfläche und kehrte nie mehr dorthin zurück. Ihr Leben war völlig umgekrempelt, und von jetzt an lebte sie, um die Herrlichkeiten dessen weiterzusagen, der sie aus der Finsternis in Sein wunderbares Licht berufen hatte.

Mel Trotter – eine Trophäe der Gnade

Mel Trotter war in vieler Hinsicht ein bemerkenswerter Kerl. Von seinem irischen Vater hatte er ein tüchtiges Mundwerk sowie die Gabe geerbt, mit jedermann gut Freund zu sein. Schon als Junge betätigte er sich als Schankwirt, und mit siebzehn war er ein Trinker. Kein Wunder, daß sein Leben vom Elend gezeichnet war.

Trotter liebte das Aufregende und war gern unter Leuten. Auch liebte er die Freiheit, tun und lassen zu können, was ihm gefiel. Immer gewitzt, immer charmant – und *fast* immer betrunken.

Er beschloß, Friseur zu werden, weil er dabei viel Gelegenheit hatte, sich während des Haarschneidens mit den Kunden zu unterhalten. Doch der Alkohol hatte ihn immer fester im Griff. Die Ketten der Sucht hielten ihn fest gefangen; und die häufigen Vorsätze, damit Schluß zu machen, scheiterten letztlich allesamt.

Während einer seiner wenigen »Trockenperioden« heiratete er eine liebenswerte junge Frau; doch dauerte es nur wenige Monate, bis Lottie feststellen mußte, daß sie an einen Trinker geraten war.

Mel wurde von seiner Arbeitsstelle entlassen und beschloß, Versicherungskaufmann zu werden. Dann hatten Lottie und er die Freude, einen kleinen Sohn in ihrer Familie begrüßen zu dürfen. Wieder versuchte Mel, ein ordentliches Leben zu beginnen, und zog mit seiner Familie in ein Haus auf dem Lande, das 17 Kilometer von der nächsten Gastwirtschaft entfernt lag. Doch seine besten Vorsätze zerplatzten. Eines Abends überfiel ihn ein derartiges, verzweifeltes Verlangen nach etwas Alkohol, daß er in der Kneipe sein Pferd für einen Rausch verkaufte. Bei klirrender Kälte mußte er zu Fuß nach Hause gehen; das ernüchterte ihn. Zu Hause angekommen, war er erfüllt von guten Vorsätzen.

Nach dem Umzug der Familie nach Davenport ging es ständig mit ihm bergab. Gewöhnlich war er tagelang von zu Hause fort. Als er wieder einmal zehn Tage verschwunden war, kam er schließlich zitternd und elend heim, wo er eine verzweifelte Lottie antraf. Am Morgen jenes Tages war ihr kleines Kind gestorben, und das hatte ihr das Herz gebrochen.

Mel wurde von Sorgen erdrückt. Am offenen Sarg versprach er Lottie, Gott und dem toten Baby, daß er nie wieder Alkohol trinken werde. Zwei Stunden nach der Beerdigung stolperte er stockbetrunken heimwärts.

Seitdem ist die Geschichte im Umlauf, er habe dem Kind im Sarg die Schuhe ausgezogen und sie für Schnaps verscherbelt.

Lottie versprach, dem Herrn zu dienen, so gut sie es eben konnte; und sie gelobte, für Mel zu beten und den Glauben daran zu bewahren, daß Gott ihren Gatten irgendwie zu Seinem Kind machen würde.

Es dauerte nur wenige Monate und er verschwand völlig. Ziellos trieb es ihn von einer Stadt in die andere, wo er bettelte, stahl und sogar seine Schuhe für ein paar Schnäpse verkaufte.

Er versank in Schande und Schuld und machte sich Vorwürfe wegen des Todes seines Sohnes. Sein preisgegebenes Versprechen verfolgte ihn.

Barfuß und zerlumpt kam er bei starkem Januarfrost in Chicago an. Als er so um Geld bettelnd durch die Straßen zog, um sich etwas Alkohol kaufen zu können, schmerzte ihn jedes einzelne Körperglied.

Ein Gastwirt warf ihn hinaus, schimpfte ihn einen penetranten Penner und riet ihm, so lange nach Osten in den Michigansee zu laufen, bis sein Hut schwimmen würde. Als er so dahintrottete (vielleicht tatsächlich auf dem Weg zum See), faßte ihn ein kleiner Mann mit buschigem Lockenschopf beim Arm und führte ihn durch das Tor der Pacific Garden Mission, in der gerade eine Evangelisation stattfand. Mel fiel in einen Stuhl, ließ seinen Kopf gegen die Mauer sinken und schlief auf der Stelle ein. Nachdem Harry Munro für das Publikum ein Lied angestimmt hatte, forderte er die Männer auf, für dieses eben hereingekommene armselige Menschenwrack zu beten.

Später wachte Mel so weit auf, daß er begriff, in einer religiösen Veranstaltung zu sein. Als Harry laut und deutlich das Evangelium verkündigte, drangen die Worte bis tief in Trotters Bewußtsein ein. Und als Harry einlud, Christus anzunehmen, war Mel der erste, der die Hand hob. An diesem Abend, kurz nach neun Uhr, knieten Harry und Mel vorn beim Podium, und Mel bat den Herrn Jesus um Vergebung und nahm Ihn als Herrn und Retter an. An diesem Abend wurde in der himmlischen Herrlichkeit ein weiterer Name angeschrieben.

Es dauerte nicht lange, bis Lottie erfuhr, daß ihre Gebet erhört waren.

Später wurde ihr Mann Leiter der Pacific Garden Mission. Er gründete die Union Rescue Mission in Grand Rapids im US-Bundesstaat Michigan. Er war auch die treibende Kraft bei der Gründung von 67 weiteren Alkoholiker-Missionswerken im ganzen

Land. Außerdem wurde er einer der vollmächtigsten Evangelisten seiner Zeit.

Eines seiner Lieblingsworte war: »An eines erinnert sich Gott nie mehr: an eine Sünde, die wir bekannt haben. Andererseits vergißt Er auch eines nie: eine Sünde, die wir nicht bekannt haben.«[14]

Vergeben[15]

Menda Turner war die ganze Nacht wach geblieben, weil sie auf die Rückkehr ihres Mannes mit seinem Kleintransporter wartete. Er war wie gewöhnlich unterwegs, um irgendwo in der Gegend das Evangelium zu verkündigen. Bisher hatte er es immer so eingerichtet, daß er rechtzeitig wieder zu Hause war, damit sich seine Frau keine Sorgen zu machen brauchte; doch diese Nacht kam er überhaupt nicht heim.

Am Morgen wurden Suchmannschaften ausgesandt, und die fanden den Wagen kopfüber im Straßengraben. Mr. Turners Leiche lag völlig nackt mitten auf der Straße – restlos ausgeraubt. Für Menda war das ein furchtbarer Schlag. Sie war gekommen, um den Afrikanern Liebe zu erzeigen; doch nun hatte ihr Mann höchstwahrscheinlich einen Unfall erlitten, und man hatte ihn einfach liegengelassen – ja, schlimmer noch, er wurde ausgeraubt. All seine Mühe, die er auf den Copper Belt (das kupfererzreiche Gebiet in Sambia und Zaire; d. Ü.) aufgewendet hatte, war vergebens.

Eigentlich hätte es für Menda nun nahegelegen, daß sie nach England zurückkehrt; aber sie war aus besserem Holz geschnitzt. Sie entschied sich, in Sambia zu bleiben und dem Herrn weiterhin zu dienen. So setzte sie ihr Leben ein, indem sie für Hunderte von notleidenden, vom Hunger bedrohten und todgeweihten Flüchtlingen aus Angola sorgte, die durch ihre Gegend zogen. Überall nannte man sie »Mama«. Ihr Haus war stets voller hilfsbedürftiger Menschen.

Fünfzehn Jahre vergingen. Eines Tages meldete der Küchenjunge einen Mann, der Menda sprechen wollte. Als sie hinausging, sah sie einen großen, kräftigen Afrikaner. Er wollte mit ihr unter vier Augen reden; so setzten sie sich in die Sessel auf der Veranda. Doch der Schwarze stand sofort wieder auf, kniete vor ihr nieder, legte seine Hände auf ihre Füße und sagte: »Ich muß Ihnen etwas bekennen.« Dann berichtete er: »Vor fünfzehn Jahren wurde Ihr Mann getötet, und er und sein Wagen wurden ausgeraubt. Ich weiß, daß überall von einem Unfall die Rede ist; aber das stimmt nicht. Mrs. Turner, ich war einer der vier Männer, die Ihren Mann ermordet haben. Jetzt bin ich durch die Gnade Gottes errettet und soll bald getauft und in die Gemeinschaft meiner örtlichen Gemeinde aufgenommen werden. Mir war klar, daß ich zu Ihnen gehen mußte, weil ich nicht getauft werden kann, wenn Sie mir nicht Ihre Vergebung zugesprochen haben. Ich weiß nicht, wo die drei anderen sind; aber ich weiß, daß ich es Ihnen bekennen muß. Ich trage die Schuld am Tod Ihres Mannes. Können Sie mir bitte vergeben?«

In Menda wurde wieder die ganze furchtbare Geschichte vom Tod ihres Mannes lebendig, und auch die Enttäuschung über die Afrikaner, denen zuliebe sie gekommen waren. Nun kam noch nachträglich die schmerzliche Erkenntnis hinzu, daß er von Afrikanern ermordet wurde, für die sie und ihr Mann so aufopferungsvoll gearbeitet hatten. Sie fühlte sich zutiefst verwundet. Da kniete jetzt ein Mann vor ihr und hielt ihre Füße fest, der bekannte, der Mörder zu sein und sagte, er könne nicht getauft werden, ehe sie ihm nicht vergeben habe.

Menda Turner, eine schlichte englische Hausfrau, hatte den Charakter eines geistlichen Riesen. Und sie hatte ein Herz für die Afrikaner. Sie schloß die Augen und dachte einen Augenblick nach. Dann nahm sie die Hände von ihren Füßen, hielt sie in den eigenen Händen und sagte: »Wie könnte ich Ihnen nicht vergeben, wo Gott mir vergeben hat, obwohl ich zu der Welt gehörte, die Seinen Sohn umbrachte. Ja, ich vergebe Ihnen.« Sie hatte die Worte des Herrn Jesus ernstgenommen: »Vergebt, und euch wird vergeben werden.« Sie hatte begriffen, ihr selbst war eine ungeheure Schuld vergeben worden, die sie nie hätte abbezahlen können. Und dadurch fand sie die Gnade, dem bußfertigen Mörder ihres Mannes zu verzeihen.

Als sie ihre Arbeit beendet hatte, kehrte sie nach England zurück. Vor kurzem ist sie in die Gegenwart des Herrn eingegangen. Sicherlich wurde ihr »reichlich dargereicht der Eingang in das ewige Reich unseres Herrn und Heilandes Jesus Christus«.

Teresas Zeugnis[16]

Teresa war eine gebildete spanische Dame, die während der politischen Unruhen in Spanien ausgewandert war. Sie war von Nonnen unterrichtet worden und hatte sich vorgenommen, niemals von ihrem Glauben und ihrer Kirche zu lassen. Sie hatte viele Sorgen zu ertragen, doch brachten diese sie nicht näher zum Herrn; eher verhärteten sie ihr Herz.

Von ihrer Luxuswohnung aus blickte sie auf eine Reihe von Hütten, die hinter ihrem Haus standen, und in denen Leute in tiefster Armut hausten. Dieser Anblick ärgerte sie, weil es ihr ästhetisches Empfinden beleidigte. Doch eine Familie zog ihr Interesse auf sich. Sie wußte, daß der Mann am Hafen arbeitete. Auch konnte sie sehen, wie ärmlich der Tisch für die sechsköpfige Familie gedeckt war. Doch dankten sie stets dem Herrn dafür und sangen mehrere Lieder vor dem Essen. Das machte auf sie großen Eindruck.

Mit der Zeit lernte sie die Familie besser kennen, und diese wiederum versäumte es nicht, von ihrem geliebten Retter Zeugnis abzulegen. Doch fühlte sie sich bald irritiert und sagte, sie wolle nichts mehr davon hören; sie sei römisch-katholisch und werde immer römisch-katholisch bleiben.

Nicht lange danach zog Doña Teri in eine andere Wohnung. Sie war froh, diese Leute, die immerzu von dem Herrn Jesus sprachen, los zu sein. Doch Don Roberto bekam heraus, wo sie jetzt wohnte, und es dauerte nicht lange, bis er bei ihr an die Tür klopfte und ihr wiederum den Heiland bezeugte. Siebzehn Jahre lang ging diese Familie ihr nach und erzählte ihr von dem, der sie erretten und bewahren und ihr Herz zur Ruhe bringen könnte. Doch sie weigerte sich standhaft. Weiterhin ging sie regelmäßig zur Beichte und zur Messe und wollte sich nicht vor dem Herrn Jesus demütigen.

Schließlich nahm sie eine Einladung zu einer Versammlung an, auf der ein gelehrter und hochgebildeter Argentinier sprechen sollte. Sie war vom Gesang und der Freundlichkeit der Menschen beeindruckt, vor allem aber vom Wort Gottes, das sie zu hören bekam. Als sie an jenem Abend nach Hause ging, dachte sie über ihr ganzes Leben nach; wie es ihr bisher ergangen war und welche Befriedigung ihr der Glaube an die römisch-katholische Kirche gegeben hatte. Ihr wurde klar, daß alles, was sie suchte, in einer Begegnung mit dem Herrn Jesus zu finden war, und so nahm sie Ihn an jenem Abend an.

Schon bald begann sie, den Nachbarn links und rechts neben ihr von ihrem Glauben zu erzählen. Sie ließ sie wissen, der Herr sei *numero uno* in ihrem Leben. Schon nach kurzer Zeit kamen beide Familien zur Erkenntnis des Herrn, und dieser Segen ergoß sich weiter auf deren Verwandte und Bekannte. Das Netzwerk breitete sich aus, und eine große Schar von Menschen wurde der Gemeinde zugetan.

Zacharias findet den Heiland[17]

Zach war Student einer technischen Hochschule. Er wollte dort sein Diplom machen, aber gleichzeitig den Becher des Vergnügens bis zur Neige leeren. Er wußte von einem, der Jesus Christus heißt; aber er hatte keinen Begriff davon, welchen Anspruch diese großartige Person auf sein Leben hat. Eines Nachts sah er im Traum eine Frau ihm gegenüber am Tisch sitzen. Ihre einzigen Worte waren: »Ich habe eine Botschaft für dich.« Oft können wir uns an den Inhalt unserer Träume nicht mehr erinnern, doch diesen konnte er nicht vergessen. Ihre Worte verfolgten ihn regelrecht.

Als er am nächsten Morgen zum Frühstück in den Speisesaal kam, saß das Mädchen aus dem Traum ihm gegenüber am Tisch. Er war dermaßen erschrocken darüber, daß er aufsprang, das Frühstück stehen ließ und aus dem Saal lief. Zum Mittagessen saß dasselbe Mädchen wieder ihm gegenüber am Tisch. Das verunsicherte ihn noch mehr; wiederum ließ er das Essen stehen und rannte nach draußen. Dasselbe geschah am Abend – und am nächsten Tag zum vierten Mal. Jetzt konnte er nicht mehr schlafen, geschweige denn essen. Seine Freunde begannen, sich Sorgen um ihn zu machen. Sie baten ihn, ihnen das Mädchen zu zeigen, damit sie mit ihr reden und herausfinden könnten, warum sie ihm so zu schaffen machte.

Das Mädchen hieß Susan. Sie war Mitglied einer christlichen Gemeinde aus der Nachbarschaft. Als Zachs Freunde mit ihr sprachen, wußte sie überhaupt nicht, wovon sie redeten. »Ich weiß gar nicht, von wem ihr redet; und warum er sich so aufregt, weiß ich auch nicht.« Sie berichteten ihr von dem Traum und fragten sie, was sie ihm denn sagen wollte. Offenbar habe sie eine Botschaft für ihn. Das kam ihr mysteriös vor. Sie sagte: »Das einzige, was mir einfällt, ist dieses: Ich bin Christin, und vielleicht will Gott mit Zacharias reden.« Sie sagten darauf: »Wenn wir ihn in dein Zimmer bringen, würdest du ihm dann deine Botschaft sagen, damit er wieder essen mag?« Susan ging darauf ein, obwohl sie sich immer noch fragte, was hier gespielt wurde.

Seine Freunde brachten ihn in ihr Zimmer. Er mochte eigentlich nicht mitkommen; doch seine Freunde machten ihm Mut; so faßte er sich ein Herz. Susan schlug ihre Bibel auf, redete vom Herrn Jesus und davon, daß Er jeden retten will, der sein Vertrauen auf Ihn setzt. Zach erkannte deutlich, daß es Gott war, der auf diese ungewöhnliche Weise zu ihm redete, und auf der Stelle bekannte er seine Sünden und nahm den Herrn Jesus als Herrn und Retter an.

Verloren und gefunden

Greg gehörte zu dieser ruhelosen Generation, die es unbedingt von zu Hause fort zieht, weg vom bürgerlichen Leben und von der gewohnten Umgebung. So beschloß er, Toronto zu verlassen und sich nach Edmonton in der kanadischen Provinz Alberta durchzuschlagen. Er kannte dort niemanden; doch ein Freund hatte ihm die Adresse seines Vaters, eines Farmers in Red Deer, mitgegeben. Er hatte sich vorgenommen, irgendeine Arbeit im Freien zu suchen, viel Geld zu verdienen und dann nach Ontario zurückzukehren, womit dann alle seine Probleme gelöst wären.

Als er in Edmonton angekommen war, stahl ihm jemand seinen Koffer. Nun hatte er nichts mehr, als was er am Leibe trug. Er erkundigte sich nach der Landstraße nach Red Deer und begann seinen Fußmarsch. Ein Farmer nahm ihn auf; dort arbeitete er für Unterkunft und Verpflegung. Zwei Wochen später jedoch war er wieder unterwegs in Richtung auf den Crowsnest-Paß. Als er so dahermarschierte, hielt ein Wagen mit zwei jungen Leuten an. Der Fahrer rief: »Willst du mitfahren?« Diesmal wollte Greg nicht als Anhalter reisen; aber der junge Mann nötigte ihn: »Los, steig schon ein, ich werde dich in die nächste Ortschaft bringen.« Unterwegs fragte der Fahrer: »Hast du einen Schlafplatz?« Greg mußte zugeben, daß er keinen hatte; so sagte der Junge: »Gut, sei heute abend am Hotel, wir werden dich dann in unsere Waldhütte mitnehmen.«

Wie versprochen, war er am Abend da und nahm Greg mit in die Hütte, wo er Gast der beiden jungen Männer war. Bevor die zwei zu Bett gingen, lasen sie in der Bibel. Greg fand das eigenartig; aber es störte ihn nicht sonderlich. Er gefiel sich darin, sich für weitherzig und tolerant zu halten, und hatte sich auch schon beiläufig mit östlicher Mystik, Transzendentaler Meditation und New Age-Philosophie beschäftigt.

Am Morgen ging Greg in die Stadt zurück, um Arbeit zu finden. Auf dem Weg zog er sich jedoch eine Erkältung zu. Er bekam keine Arbeit; so ging er zu der Hütte zurück, mit der Absicht, sein erbärmliches bißchen Hab und Gut zu holen, um sich wieder auf die Reise zu machen. Als er dort ankam, fühlte er sich aber sehr elend und mußte zwei oder drei Tage mit einer Lungenentzündung das Bett hüten.

Dann und wann besuchte ihn ein freundlicher Mann namens Blair. Von diesem erfuhr er zum ersten Mal, daß er sich auf dem Gelände eines christlichen Freizeitlagers befand, welches Mr. Blair betreute. Als seine Kräfte zurückgekehrt waren, arbeitete Greg auf dem Freizeitgelände und aß zusammen mit Mr. und Mrs. Blair. Sie sprachen mit ihm über den Herrn, versuchten jedoch in keiner Weise, ihn zu einem Glaubensbekenntnis zu drängen. Nach einer Woche meinte er, es sei Zeit, weiterzuziehen; doch fühlte er sich sonderbar zum Bleiben genötigt. So fragte er den Leiter, ob er bleiben könnte, wenn er für Obdach und Verpflegung arbeiten würde. Man nahm sein Angebot an, und als die Freizeiten begannen, hörte er das Evangelium, wußte aber nicht, daß die Christen ernstlich für ihn beteten.

In der Nähe befand sich ein Motel, dessen Eigentümer Christen waren. Sie boten ihm eine Arbeit an, wodurch er weiterhin unter dem Wort Gottes verblieb. Allmählich geriet er in große innere Not. Er stellte Fragen wie: »Ist die Bibel wahr?« und »Ist Jesus wirklich Gott?« Die Gläubigen antworteten ihm so gut sie es vermochten. Sein Sündenbewußtsein wurde immer deutlicher. Nun versuchte er sich über das Pro und Kontra des Christwerdens Klarheit zu verschaffen. Das trieb ihn schließlich dazu, Urlaub zu nehmen. Er hatte den Entschluß gefaßt, nicht eher aus den Bergen zurückzukehren, bis er zu einem Ergebnis gekommen war. Aber er kam nie bis in die Berge. Kaum war er 100 Meter vom Motel entfernt an eine Wiese gelangt, warf er sich ins Gras und starrte in den Himmel. Dort wurde ihm plötzlich klar, daß er wirklich Christus und die von Ihm angebotene Vergebung nötig hatte. In einem schlichten Gebet tat er Buße und bat Christus, ihn zu retten. Er stand auf und fühlte, daß ihm eine große Last abgenommen war. Es war ihm, als würde er schweben.

Als er ins Motel zurückgekehrt war, bemerkten die Christen die Veränderung in seinem Gesicht. Die Kummerfalten waren weg, und er strahlte. Aber sie sagten nichts.

Zwei Tage später bekannte er seinen Glauben öffentlich in der Freizeit und verursachte einen Riesenjubel. Bald danach kehrte er nach Ontario zurück – ein neuer Mensch in Christus, dem es sehr daran lag, seiner Familie von seinem Heiland zu sagen.

Denk einmal an all die göttlichen »Zufälle«! Der Raub seines Koffers. Dann wurde er von Christen mitgenommen, die er gar nicht darum gebeten hatte. Daraufhin wurde er in die Hütte auf dem Freizeitlager gebracht, wo er wegen der Lungenentzündung bleiben mußte. Auf diese Weise hörte er täglich das Evangelium. »Wie unausforschlich sind seine Gerichte, und unausspürbar seine Wege!«

Abdel – der Muslim

Abdel hielt sich für einen ungewöhnlich ergebenen Muslim, weil er behaupten konnte, den ganzen Koran auswendig zu kennen. Als er zufällig in eine christliche Jugendpension in Israel kam, entdeckte er dort einige wenige Muslime. Er wollte verhindern, daß sie die christliche Botschaft hören; darum kam er jeden Tag und störte die Gespräche durch vom Thema ablenkende Fragen. Auch hatte er die häßliche Angewohnheit, dem Lehrer Zigarettenqualm ins Gesicht zu blasen, was diesen sehr irritierte.

Das war aber nicht alles. Wenn der Gruppenleiter versuchte, die Fragen zu beantworten, pflegte Abdel gelangweilt umher zu schauen, als interessiere ihn das Gesagte in keiner Weise. Es war klar; er wollte nur stören. Nach ungefähr drei Wochen mußte der Lehrer wieder nach England zurückfahren und vergaß bald den von Abdel verursachten Ärger.

Doch irgend etwas passierte mit Abdel. Er verlor seine Wohnung, und eines Nachts mußte er am Strand schlafen. Dort hatte er einen Traum. Er hörte sich selbst alle von ihm geäußerten Fragen stellen; aber dann hörte er auch die darauf erhaltenen Antworten, genauso, wie sie ihm gesagt worden waren. Jetzt begriff er, wie alles gemeint war. Dort am Strand, nachts um halb drei, nahm er Jesus als seinen Retter an. Der Lehrer war längst weg; aber der Heilige Geist hatte dessen Arbeit fortgesetzt. Es war ein großer Durchbruch, und Abdel wurde ein mächtiges Zeugnis für Jesus. Das ist ein lebendiger Beweis, daß Gottes Wort nicht leer zu Ihm zurückkehrt, sondern ausrichtet, wozu Er es gesandt hat. Die Geschichte zeigt aber auch, daß die Botschaft größer ist als der Botschafter. Der war nicht mehr da; aber die Botschaft war in Abdels Gedächtnis und erreichte zu gegebener Zeit sein Herz.

Ahmed – der Jordanier

Ahmed war ebenfalls Muslim. Er war ein jordanischer Polizeibeamter, der mit seinem Dienstmotorrad nach Israel gefahren war, als die Grenzen offenstanden. Zufälligerweise kam er in die oben erwähnte christliche Jugendpension. Tag für Tag saß er und beobachtete die Christen. Er fand auch eine arabische Bibel und las in fünf Tagen das ganze Alte Testament durch. Kurz darauf gesellte sich ein jüdischer Christ zu ihm und erzählte Ahmed, wie er dazu gekommen war, Jesus als seinen Messias anzunehmen. Zuerst wurde seine Mutter errettet; daraufhin begann sie, für ihre Familie zu beten, dann kamen der Vater, der Sohn und dessen Schwestern – schließlich glaubte die ganze Familie an den Herrn als ihren Messias. Er berichtete ihm aber auch, wie sie von der jüdischen Gemeinschaft ausgeschlossen und ausgestoßen wurden, weil sie glaubten, daß Jeschua (Jesus) der Messias ist. Ahmed sagte darauf: »Wenn ich meiner Familie und meinen Freunden sagen würde, nicht Mohammed sei der verheißene Messias, sondern Jesus, würden sie mich wahrscheinlich umbringen.«

Vier Tage lang überschlug Ahmed die Kosten einer Bekehrung zu Christus. Er erzählte, er sei während jener Tage vom Judenhasser zum Judenfreund geworden, weil er in der Pension einige kennengelernt hatte. Schließlich hatte er sich zu dem großen Entschluß durchgerungen, Jesus als seinen Herrn und

Retter anzunehmen. Eine Woche später bat er um die Taufe, wodurch er seinen Glauben öffentlich vor der Welt bekannte. Dann ging er nach Jordanien zurück und berichtete seinen drei Frauen und allen Freunden vom lebendigen, liebenden Erretter.

Diese Geschichte illustriert die Wahrheit von 2. Chronika 16,9: »Die Augen des HERRN durchlaufen die ganze Erde, um sich mächtig zu erweisen an denen, deren Herz ungeteilt auf ihn gerichtet ist.«

Wo kann ich den Messias finden?

Die Geschichte von Leopold Cohn ist wohlbekannt. Ein aus Europa nach Amerika ausgewanderter Rabbi las das 9. Kapitel des Buches Daniel. Als er zum 26. Vers kam, war ihm klar, daß der Messias vor der Zerstörung Jerusalems kommen würde. Weil aber Jerusalem im Jahre 70 n.Chr. zerstört wurde, mußte also der Messias bereits gekommen sein. Er lief zu einem älteren Rabbi und fragte ihn: »Wo kann ich den Messias finden?« Der Gefragte fertigte ihn ziemlich lapidar ab: »Mußt nach New York gehen; da kannst du alles finden.« Tatsächlich ging er nach New York. Dort wanderte er die Straßen auf und ab und suchte den Messias. Eines Tages ging er an einer Versammlungshalle vorüber, aus der Gesang erscholl. Und drinnen hörte er die gute Botschaft von der Errettung – und er fand den Herrn Jesus als Herrn und Messias. Daraufhin kaufte er einen Pferdestall, unterzog diesen einer gründlichen Reinigung und begann mit Evangelisationsversammlungen. Das war der Anfang eines sehr fruchtbaren Dienstes.

Geschichte hat die Eigenart, sich selbst zu wiederholen. Ein Taxifahrer in Israel hatte das Glück, einen gottesfürchtigen Christen als Fahrgast zu befördern. Der Gläubige forderte ihn heraus, Daniel 9 und Jesaja 53 zu lesen. Der Chauffeur nahm die Herausforderung an. Nach Dienstschluß ging er nach Hause und las diese beiden Kapitel. In Daniel 9,26 fand er: »Und nach den zweiundsechzig Wochen wird der Messias weggetan werden und nichts haben. Und das Volk des kommenden Fürsten wird die Stadt und das Heiligtum zerstören.« Ihm war klar, daß der Messias vor der Zerstörung Jerusalems sterben muß. Da aber Titus die Stadt bereits im Jahre 70 n.Chr. zerstört hat, folgt daraus, daß der Messias schon gekommen ist. Daraus schloß er, daß Gott Sein Volk Israel bereits heimgesucht hat.

Sofort kaufte er sich ein Neues Testament und machte sich daran, es zu lesen. Dabei bat er Gott, Er möge ihm ein eindeutiges Zeichen geben, ob der Messias, von dem die Christen sprechen, der richtige sei. Er ging davon aus, daß er mit dem Neuen Testament ein antisemitisches Buch in Händen hielte. Doch wurde ihm schon im 5. Kapitel des Matthäus-Evangeliums klar, welch ein segensreiches Buch es ist; und im 11. Kapitel sah er die Fürsorge des Messias Jesus für Sein Volk. Er las beständig weiter, und nach ungefähr zwei Wochen war er am Ende der Johannes-Offenbarung angekommen.

An dieser Stelle möchte ich die Erzählung unterbrechen und daran erinnern, daß dieser Mann im Krieg Fallschirmjäger war. Er hatte bei einigen schweren Schlachten mitgekämpft, unter anderen bei der Eroberung des Berges Hermon, wo er zwölf seiner Kameraden verloren hatte. Das hatte ihn hart gemacht, so daß er seit fünfzehn Jahren nicht mehr geweint hatte. Als er aber am Ende des Neues Testaments angekommen war, geschah etwas Unerwartetes. Das harte Herz war weich geworden, wie es in Hesekiel 36,26 heißt: »Ich werde euch ein neues Herz geben und einen neuen Geist in euer Inneres geben; und ich werde das steinerne Herz aus eurem Fleisch wegnehmen und euch ein fleischernes Herz geben.« Und sein weichgewordenes Herz begann zu weinen und weinte immerfort; stundenlang strömten die Tränen. Er hatte verstanden, daß Gott Sein Volk geliebt und Seinen einzigartigen Sohn für dieses Sein Volk hatte sterben lassen – und für die ganze Welt obendrein. Seine Tränen und das weichgewordene Herz faßte er als das erbetene Zeichen auf. So tat er Buße für seine Sünden und nahm Jesus als seinen Retter und Messias an.

Er ist immer noch Taxifahrer; aber nun bezeugt er seinen Kunden die frohe Botschaft, wenn sich irgendeine Gelegenheit dafür bietet. Sein Lieblingsthema ist die Auferstehung Christi als die einzige Hoffnung für die Sicherheit Israels.

Johans Geschichte

Meet Johan, ein Holländer, wuchs in einem bibelgläubigen Elternhaus auf. Wegen einer Reihe geschäftlicher Rückschläge mußte er für die elterliche Familie das nötige Geld verdienen. Diesem Druck war er nicht gewachsen; so kam er schließlich mit blutenden Magengeschwüren ins Krankenhaus und mußte dort behandelt werden. Der Arzt sagte zu seinem Vater: »Sehen Sie, Ihr Sohn ist für die Freiheit geschaffen. Lassen Sie ihn ziehen.« Daß der Arzt dieses sagte, war seltsam, aber es stimmte. Johan liebte die Freiheit mehr als alles andere; doch er war überzeugt, Christus und Freiheit paßten nicht zusammen. Nun begann er also zu reisen.

Einmal kam er in die Wüste im Süden von Israel, nahe beim Roten Meer. In der Nähe der Stadt Eilat baute er sich eine kleine Hütte. Nachts blickte er zum Sternenhimmel auf und erkannte: »Ja, es gibt einen Schöpfer.« Er war fasziniert.

Eines Tages hockte er im Schatten und sah die Schiffe vorüberziehen. Da kam ihm der Gedanke: »Das wär's. Wenn ich nur die ganze Welt bereisen könnte, dann würde ich zufrieden werden.« In diesem Augenblick kam ein Fremder und setzte sich zu ihm. Zu seiner Verwunderung stellte er fest, daß dieser ebenfalls Holländer war und John hieß. Johan erzählte, wie gern er um die Welt reisen möchte, um Zufriedenheit zu finden. Sein Gegenüber sagte: »Ich bin zweimal um die Welt gefahren, aber man kommt aus dem alten Gleis nicht heraus. Und Zufriedenheit findet man auch nicht. Ich habe aber jemanden entdeckt, der mich zufrieden macht, und der heißt Jesus. Ich war katholisch und habe nie einen Blick in die Bibel geworfen. Dann schenkte mir jemand eine englische Bibel, und ich begann sie zu lesen. So gelangte ich zur Wahrheit in Jesus Christus.« Als Johan ihm in die Augen sah, wußte er, daß John die Wahrheit sagte. Im weiteren Gespräch stellte sich heraus, daß John erst vor einem Monat gläubig geworden war.

An diesem Abend wollte Johan seine Hütte ein wenig schmücken. Er meinte, eine Weltkarte sei dafür gut geeignet; so suchte er in seinem Reisesack nach einer Karte. Statt dessen fand er eine Bibel, die seine Mutter ihm eingesteckt hatte. Ein Vers sprang ihm in die Augen. Es war Galater 5,1: »Für die Freiheit hat Christus uns freigemacht; steht nun fest und laßt euch nicht wiederum unter einem Joch der Knechtschaft halten.«

Es dauerte noch eine Weile, bis Johan einsah, daß er die falsche Sichtweise hatte. Es ging ihm mehr um Freiheit als um den richtigen Herrn. So tat er Buße für seine Sünden und nahm den Herrn Jesus persönlich an. Interessanterweise haben John und Johan seither mehr als dreiundzwanzig Jahre lang zusammen in der Wüste ihren Dienst getan und jedem, der es hören wollte, von dem Einen gesagt, der sie von der Finsternis zu Seinem wunderbaren Licht berufen hat.

Zusammenfassung

Wir geben zu, daß die hier wiedergegebenen Bekehrungsgeschichten dramatisch sind und ungewöhnlich verlaufen. Aber genauso wahr ist es, daß jede echte Bekehrung ein übernatürliches und wunderbares Werk des Heiligen Geistes ist. Er ist grenzenlos einfallsreich, nicht vorherbestimmbar und souverän über alle erdenklichen Hilfsmittel – und Er wiederholt sich nie.

Gläubige aus christlichen Elternhäusern, die vor dem Sündenschmutz der Welt bewahrt geblieben sind, fühlen sich oftmals benachteiligt. Sie halten ihre Zeugnisse für vergleichsweise langweilig und farblos. Sie dächten klüger, wenn sie glücklich darüber wären, vieler Schuld und Schande entgangen zu sein. Und sie sollten sich als genau solche Trophäen der Gnade betrachten wie zum Beispiel der Apostel Paulus. Jedes Bekehrungserlebnis ist für sich interessant und der ständigen Erinnerung wert.

Es überschreitet unsere Vorstellungskraft bei weitem, wie unser großer Gott zur gleichen Stunde an jedem Ort den Verstand, die Gefühle und den Willen der Menschen beeinflußt und versucht, sie zur Buße und zum Glauben zu leiten. Seine Methoden sind immer neu und nie voraussagbar. Er setzt viele Millionen Puzzlespiele zusammen, indem er den Himmel immerzu mit Sündern aus allen Ländern der Welt bevölkert. Einst wird die Geschichte jedes einzelnen Erretteten, die ganze Geschichte der Heiligen, Gegenstand ewiger Bewunderung und Anbetung sein. Welch einen wunderbaren Gott haben wir!

Dieser wunderbare Gott wird in dem heute noch bekannten Lied aus dem siebzehnten Jahrhundert gelobt, das Samuel Davies gedichtet hat:

Gott, Deiner Wunder großes Heer
Ist unvergleichlich, göttlich schön;
Doch Deiner Gnade weites Meer
Läßt uns Dir in Dein Herze seh'n.

Refrain:
Wo ist ein Gott, der so vergibt?
So Gnade schenkt und ewig liebt?

Du, Herr, vergibst die tiefste Schuld,
Den schlimmsten Sünder nimmst Du an!
Dein Vorrecht ist die große Huld,
Die niemand übertreffen kann.

Voll Staunen und mit Furcht und Freud'
Betrachte ich, was Gott hier tut:
Vergebung Er mir gnädig beut,
Vergebung durch des Lammes Blut.

Fußnoten

Die Wunder Gottes in der Schöpfung

1 Charles Haddon Spurgeon, *Treasury of David* (Grand Rapids: Baker Book House, 1983), Band 5, Seite 209.
2 Werner Gitt, *Faszination Mensch* (Bielefeld: CLV 1996), Seite 79.
3 Mit Erlaubnis aus *How Color Affects Your Mood and Health* von Lowell Ponte, *Readers Digest,* Juli 1982.
4 Edmund Bolles, *Remembering and Forgetting* (New York: Walker and Company, 1988), Seite 139.
5 Zitiert bei Mark Looy in *I Think: Therefore is a Supreme Thinker, Impact,* October 1990, San Diego: Institute of Creation Research, Seite 2.
6 Roger Penrose, *Those Computers Are Dummies, Time* Col. 135, Nr. 26, 25. Juni 1990, Seite 74-75.
7 Isaac Asimov, *In the Game of Energy and Thermodynamics You Can't Even Break Even, Smithsonian Journal,* Juni 1970, Seite 10.
8 Drs. Don De Young und Richard Bliss, *Thinking About the Brain, Impact,* Februar 1990, Seite 1.
9 Jerry Bergmann, *Mankind – The Pinnacle of God's Creation, Impact,* Juli 1984, Seite 2.
10 William Hartston, *The Kings of Chess* (New York: Harper & Row, Publishers, 1985), Seiten 44, 71.
11 Spurgeon, *Treasury of the Bible* (Grand Rapids: Baker Book House, 1983), Band I:305.
12 Werner Gitt, *Signale aus dem All* (Bielefeld: CLV 1994), Seite 18-19.
13 Stuart E. Nevins, *Planet Earth: Plan or Accident, Impact,* Nr. 14, Seiten 1-4.
14 Helga Menzel-Tettenborn und Gunter Radtke, *Animals in their World,* (New York: Grosset & Dunlap, 1972), Seite 29.
15 ebd., Seite 56.
16 ebd., Seite 165
17 M. R. De Haan II, *Our Daily Bread,* 8. Juni 1991.
18 David C. Egner, *Our Daily Bread,* 15. April 1991.
19 Menzel-Tettenborn und Radtke, *Animals,* Seite 297.
20 Michael E. Long, *Secrets of Animal Navigation, National Geographik Magazine,* Juni 1991, Seite 76.
21 J. Sidlow Baxter, *Awake, My Heart* (Grand Rapids: Zondervan Publishing House, Nov. 1978), Seite 36.

22 Entnommen aus *Creatures of the Namib Desert,*
National Geographic Video, erzählt von Burgess Meredith, 1977.
23 Entnommen aus *The Living Planet: The Northern Forests,*
Time-Life Video, erzählt von David Attenborough, 1987.
24 Menzel-Tettenborn und Radtke, *Animals,* Seite 233.
25 *Time Magazine,* 28. Dezember 1992, Seite 76.
26 Lucy Berman, *Nature Thought of It First*
(New York: Grosset & Dunlap, 1971), Seite 83.
27 *USA Today,* 23. April 1993, Seite 1
28 Immanuel Kant, *Kritik der reinen Vernunft*
(Stuttgart: Verlag Philipp Reclam jun. 1966), Seite 654.
29 Werner Gitt, *Wenn Tiere reden könnten,*
(Bielefeld: CLV 1992), 6. Aufl., Seite 115.
30 Alex Ross, *Choice Gleanings Calendar,* 2. August 1991.

Die Wunder Gottes in Seiner Vorsehung

1 Aus *God Moves in a Mistyrious Way,* einem alten englischen Choral.
Er steht am Ende dieses Kapitels.
2 Ruth Bell Graham, *Legacy of a Pack Rat*
(Nashville: Oliver Nelson, 1989), Seite 37-39.
3 *Guideposts,* Januar 1991, Seite 24-28.
4 H. G. Bosch, *Our Daily Bread,* 6. März 1991.
5 *Memorials of a Quiet Life: A Memoir of Richard F. Varder*
(Grand Rapids: Gospel Folio Press, 1934), Seite 119.
6 *Assembly Annals,* August 1946.
7 Mark Wheeler, *Secure in the Storm,*
Kindred Spirit Magazine, Sommer 1986, Seite 8-10.
8 H. G. Bosch, *Our Daily Bread,* 12. April 1986.
9 *Two O'Clock at Entebbe,*
Uplook Magazine, Februar 1991, Seite 12-14.
10 Percy O. Ruoff, W. E. Vine: *His Life and Ministry*
(London: Oliphants Ltd., 1951), Seite 18-19).
11 Source: Olive Flemimg Liefield, *Unfolding Destinies*
(Grand Rapids: Zondervan Publishing House), 1990, Seite 235-237.
12 G. C. Willis, *I Was Among the Captives*
(Hong Kong: Bible Light Publishers, n.d.), Seite 84-89.
13 Aus *Our Daily Bread,* vom 7. September 1991.
14 Aus *Our Daily Bread,* vom 21. April 1992.
15 Dr. J. Allen Blair, *Profile of a Christian*
(Westchester, Il: Good News Publishers, n.d.), Seite 30-31.

16 Tony Lawman, *F. S. Arnot – Errettet aus den Händen der Bösen* (Bielefeld: CLV 1993), Seite 76-78.
17 ebd., Seite 45-48.
18 ebd., Seite 49-52.
19 Charles Haddon Spurgeon, *Treasury of the Old Testament* (Grand Rapids: Baker Book House, 1981), Band IV, 212.

Die Wunder Gottes in der Erlösung

1 J. H. Jowett, *The Best of John H. Jowett* (Grand Rapids: Baker Book House, 1981), Seite 14.
2 Sikhismus ist eine Religion in Indien, die versucht, die islamischen und die Hindulehren zu einer Religion zu vereinen.
3 Archie Naismith, *1200 More Notes, Quotes, and Anecdotes* (London: Pickering & Inglis Ltd., 1975), Seite 27.
4 *Our Daily Bread,* 19. April 1989.
5 F. W. Boreham, *A Bunch of Everlastings* (London: The Epworth Press, 1926), Seite 60.
6 C. S. Lewis, *Überrascht von Freude* (Gießen: Brunnen, 1994), 2. Aufl., Seite 254.
7 Die Bezeichnung des Herrn Jesus als »himmlischer Spürhund« *(The Hound of Heaven)* folgt dem gleichnamigen berühmten Gedicht von Francis Thompson.
8 Lewis, *Überrascht von Freude,* Seite 271.
9 ebd., Seite 274.
10 ebd.
11 ebd.
12 *Spurgeon, The Early Years* (London: The Banner of Truth Trust, 1967), Seite 267.
13 Charles Haddon Spurgeon, *Treasury of the Bible* (Grand Rapids: Baker Book House, 1981), Band VIII, 370.
14 Entnommen aus *How to Rise Above Discouragement, Discipleship Journal,* Juli 1982.
15 Wie David Long (früher in Angola) berichtet hat.
16 Wie Dorothea Harris aus Tehuacan, Mexiko, berichtet hat.
17 Wie Dr. Betty Brooks (früher in Lusaka, Sambia) berichtet hat.